U0934067

奇迈奇缘

潘懋元题

——厦门大学在龙岩新罗的一段峥嵘岁月

主编／吴尔芬

厦门大学出版社
XIAMEN UNIVERSITY PRESS
国家一级出版社
全国百佳图书出版单位

图书在版编目(CIP)数据

奇迈奇缘:厦门大学在龙岩新罗的一段峥嵘岁月/吴尔芬主编.—厦门:厦门大学出版社,2018.9
ISBN 978-7-5615-5726-6

Ⅰ.①奇… Ⅱ.①吴… Ⅲ.①厦门大学-史料 Ⅳ.①G649.285.73

中国版本图书馆 CIP 数据核字(2017)第 008660 号

出 版 人 郑文礼
责任编辑 韩轲轲
版式设计 赖卫东 陈雅惠

出版发行 厦门大学出版社
社 址 厦门市软件园二期望海路 39 号
邮政编码 361008
总 编 办 0592-2182177 0592-2181406(传真)
营销中心 0592-2184458 0592-2181365
网 址 http://www.xmupress.com
邮 箱 xmup@xmupress.com
印 刷 厦门集大印刷厂

开本 889 mm×1 194 mm 1/16
印张 9.125
字数 218 千字
版次 2018 年 9 月第 1 版
印次 2018 年 9 月第 1 次印刷
定价 78.00 元

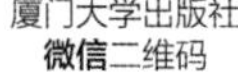
厦门大学出版社
微信二维码

厦门大学出版社
微博二维码

FOREWORD

奇迈山下的历史回声

——写在前边的话

当历史进入1928年的初春，闽西各县的阶级矛盾进一步激化。从三月份开始，龙岩后田、漳州平和县、上杭蛟洋、永定县等地农民在中国共产党的领导下，举行了震撼八闽的闽西农民“四大暴动”。“红旗跃过汀江，直下龙岩上杭。”闽西，从此成为中央苏区的半壁江山。龙岩新罗也成为中央苏区的重要县（区）份。

新罗区的东肖镇（原称白土镇），是老一辈无产阶级革命家邓子恢的家乡。镇子边上，郁郁苍苍的奇迈山巍然耸立。当年，正是在奇迈山下，打响了福建农民武装暴动第一枪。后田暴动后，当地率先实行土地革命，这是闽西人民千百年来梦想的实现，成为“土地革命之先声”。暴动后，组织了红色游击队，成为福建人民武装斗争的开始，这里也被誉为“红色莫斯科”。当日寇入侵我华夏大地，战斗在闽西各地的红色游击队，组成新四军二支队，在东肖的“红场”誓师出发，奔赴抗日前线。

东肖人民坚持“红旗不倒”，与全国人民一道迎来了新中国的成立。当东肖人民还沉浸在欢呼中国革命胜利、刚刚踏上新生活道路之际，一件大事不期而然降临在这片土地上。于是，男女老少张开热情的双臂，敞开温暖的胸怀，接待了一批来自东海之滨的尊贵客人——为避开国民党军空袭枪炮而来到闽西山乡的厦门大学师生。东肖父老腾开了一座座居屋，扫干净一个个房间，让那些可敬可爱的厦大理学院的师生在这片红土地上开始他们不平常的教学生活。同时，厦大工学院的师生们也在龙岩城关溪南安顿下来。

人们清楚地记得，刚过去数年的抗战时期，厦门大学全体师生为免遭战火劫难，翻山越岭，风餐露宿，艰辛抵达闽赣交界处的汀州城，在那里度过了八年的倥偬岁月。山城，让一所大学在它温馨的怀抱中远离战乱、安身立命；大学，给山城带来了青春欢乐的歌声，撒播开文明、智慧的种子。

历史，往往有着惊人的重复。闽西红土地与厦门蓝海洋，就这样又一次兄弟般把手紧握在一起。厦门大学与龙岩新罗，又演绎了一曲红土地与蓝海洋之间患难相依、共度时艰的大义之歌。

汀州人民与厦大师生，新罗人民与厦大师生，缔结下了深长的不解情缘。两段峥嵘岁月，永存历史的深处……

（执笔：黄征辉，中国作家协会会员、龙岩市散文学会会长、散文家）

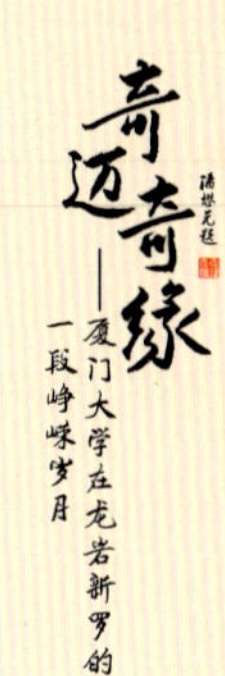

CONTENTS

目录

【第一章】鹭島硝烟

1950年夏，中华人民共和国成立不到一年。饱受战争创痛的国土，百废待兴，人民大众盼望从此过上和平安宁的幸福生活。可是，以美国为首的联合国军此时入侵朝鲜，朝鲜半岛爆发战争。我大江南北随即掀起“抗美援朝、保家卫国”的热潮。美国在发动朝鲜战争的同时，命令它的第七舰队驶入台湾海峡。台湾的蒋介石集团，以为时机来到，宣称要“反攻大陆”。风云突变，台海局势骤然紧张。

地处海防前线的厦门大学，从这时候开始，不断遭到蒋军的空袭和炮击。每当响起空袭警报，师生们就得紧急疏散，进入南普陀后山的防空壕躲避。文科院系还能在防空洞上课，而理工院系仪器设备多，不能随时搬动，遇到空袭就无法上课。炮声隆隆，警报声声，美丽的厦大校园，已难以置放安静的书桌。师生们对美蒋满腔仇恨，而又忧烦正常教学及日常生活深受影响。与此同时，台湾出动飞机，空降部队到东山岛，向该岛我军民发起进攻。台海局势愈加紧张。因此，上级决定将厦门大学理、工两学院和教职工家属暂时疏散到闽西龙岩。

于是，经过一小段时间紧张有序的准备，这部分厦大师生远离鹭岛的硝烟、警报，暂别迷人的沙滩、涛声，仿效抗战时期的前辈师生，既满怀不舍又充满向往地踏上了西进龙岩的路途。

厦大师生们坚信：离别是暂时的，不久，我们将重返海滨，回归厦大，任何艰难曲折也阻挡不了我们追求光明前景的坚定脚步。

厦大师生通力合作

挖壕工作全部完成

一有警报大家就迅速地躲进壕中

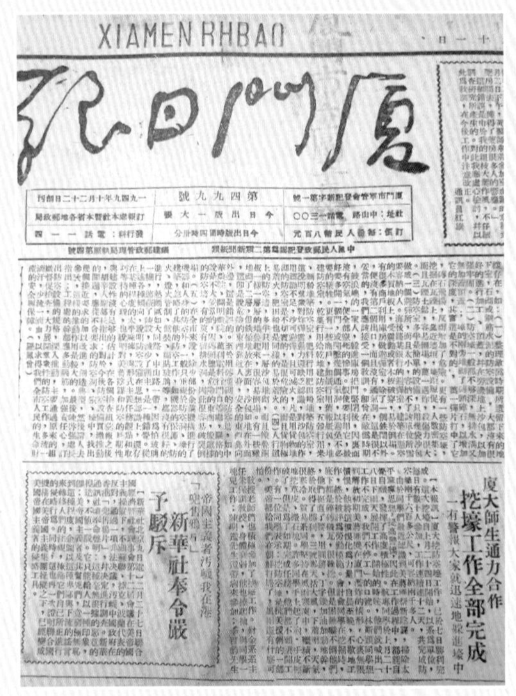
XIAMEN RHBAO

厦門日報

厦大師生通力合作

挖壕工作全部完成

一有警報大家就迅速地躲進壕中

新華社奉令嚴予駁斥

《厦门日报》1949年10月22日

（本报讯）厦大挖防空壕工作，已于十月七日胜利完成。这次挖壕自上月二十四日开始，以系为单位，每日有数十人参加，工作连续达十二天，共完成防空壕两千六百多公尺，可容纳两千多人。

由于同学们最近认识到美蒋匪帮新阴谋，扫除太平麻痹思想，提高警惕，因此在工作过程中，都能自觉自愿，发挥了高度积极性。航专同学于上月二十八日下雨天展开工作。开始的时候，他们就喊出“工作不完成，我们不停工”的口号。林斯颖同学想到解放初期美蒋匪机在厦门滥炸的情形，心里无限愤恨，他将这愤恨化为力量，自晨至晚，不歇地工作，终被评为劳动模范。会计系同学在挖掘时，底下都是碎砖破瓦，很难挖。但是困难吓不倒他们，他们挺直了腰，用圆镰、丁字锄加油加劲地干，终于取得了胜利。三月那天刮大风，下着雨，天气很寒冷。贸易系同学坚持在风雨寒冻中继续不断地挖草皮、搬石块。许多同学手上起了泡，手皮擦破了，但是为了如期完成任务，他们都不愿丢开工作。有一位同学表示：挖防空壕是抗美援朝的一部分，美帝都被我们在朝鲜打垮了，风雨还有什么可怕？

老师们也积极参加了挖壕工作。财金系系主任朱保训教授，身体衰弱，他也撸起袖，与同学一块儿工作；陈明鉴先生还带病来参加。

厦大已正式上课
正加强防空设备

（本报讯）厦大于二月十九日开学，寒假中离校的同学都纷纷返校，到廿四日止，同学们的注册手续皆已办妥，廿六日开始正式上课。

由于同学们最近认识到美蒋匪帮的新阴谋，扫除了太平麻痹思想，提高了警惕，自廿四日那天起即进一步展开防空防特与支前等具体工作。各系同学在不妨碍学习的原则下，按人数多寡轮流挖掘防空壕一天，或整理巩固上学期已掘好的防空壕。全校并组织关于防空的各种工作队，计有纠察、消防、抢运、救护、担架、工程养护、缝补等队，各系同学均踊跃报名参加，大家都决心集中全力把当前的任务完成。（模）

（又讯）厦大师生所挖掘的防空壕，至目前止已超出了预定计划。这个收获是师生们有计划、有组织、有步骤地积极劳动的结果。土木系同学担任着指导工作，勘察地点，研究土质，拟定形式；然后各系师生轮流挖掘。在挖掘时大家都明确地分工，有的掘地，有的运土，有的挖草皮，身体衰弱的则烧开水、开留声机。到处响起歌声、加油声，播音机不时表扬劳模，大家的情绪很高。现该校挖壕工作还在继续进行中。（张、郑兆洪）

廈大已正式上課
正加強防空設備

【本報訊】廈大於二月十九日開學，寒假中離校的同學都紛紛返校，到廿四日止，同學們的註冊手續皆已辦妥，廿六日開始正式上課。

由於同學們最近認識到美蔣匪幫的新陰謀，掃除了太平麻痹思想，提高了警惕，自廿四日那天起即進一步展開防空防特與支前等具體工作。各系同學在不妨礙學習的原則下，按人數多寡輪流挖掘防空壕一天，或整理鞏固上學期已掘好的防空壕。全校并組織關於防空的各種工作隊，計有糾察、消防、搶運、救護、担架、工程養護、縫補等隊，各系同學均踴躍報名參加，大家都決心集中全力把當前的任務完成。（模）

【又訊】廈大師生所挖掘的防空壕，至目前止已超出了預定計劃。這個收穫是師生們有計劃、有組織、有步驟地積極勞動的結果。土木系同學担任着指導工作，勘察地點，研究土質，擬定形式；然後各系師生輪流挖掘。在挖掘時大家都明確地分工，有的掘地，有的運土，有的挖草皮，身體衰弱的則燒開水、開留聲機。到處響起歌聲、加油聲，播音機不時表揚勞模，大家的情緒很高。現該校挖壕工作還在繼續進行中。（張、鄭兆洪）

自來水公司業務組
實行擁軍新辦法

牙醫公會會員
熱心捐獻救護藥

《厦门日报》1951年2月27日

美国飞机两百多架

侵入本省沿海城市侦察扫射

我正严重注意侵略者此一扩大侵略罪行

（新华社北京十四日电）美国飞机二百多架于本月十一日上午十一时至十二时半在我国领土福建省福州（闽侯）、莆田、惠安、泉州（晋江）、厦门等沿海地区进行侦察活动。其中有美机四十八架侵入泉州以南乡村上空，三十六架侵入惠安东南的乡村上空，二架侵入厦门市区上空，五架先后侵入福州市区上空。侵入福州之美机，并曾于该市西郊用机枪进行扫射，杀害和平居民。美国侵略者这种扩大侵略活动的罪行，已引起中国人民的严重注意。

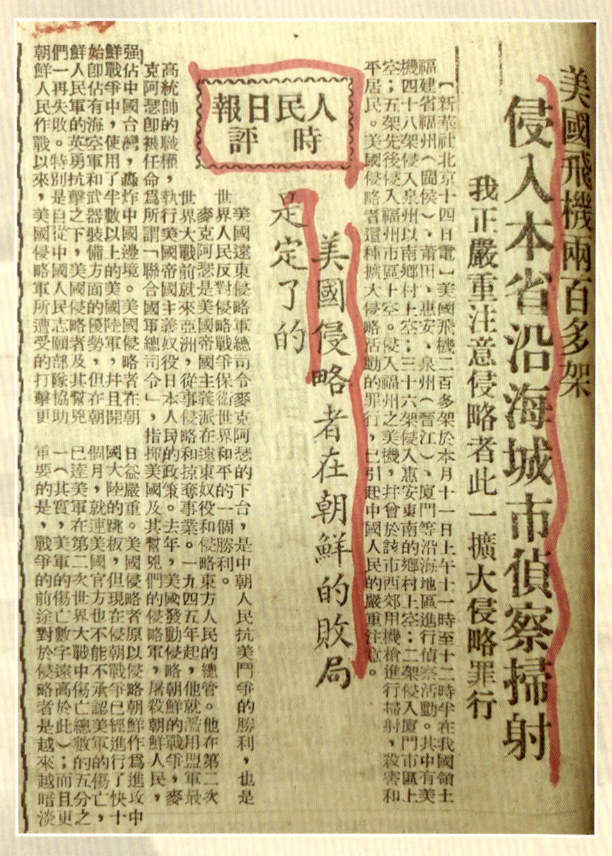

美國飛機兩百多架

侵入本省沿海城市偵察掃射

我正嚴重注意侵略者此一擴大侵略罪行

【新華社北京十四日電】美國飛機二百多架於本月十一日上午十一時至十二時半在我國領土福建省福州（閩侯）、莆田、惠安、泉州（晉江）、廈門等沿海地區進行偵察活動。其中有美機四十八架侵入泉州以南鄉村上空；三十六架侵入惠安東南的鄉村上空；二架侵入廈門市區上空；五架先後侵入福州市區上空。侵入福州之美機，並曾於該市西郊用機槍進行掃射，殺害和平居民。美國侵略者這種擴大侵略活動的罪行，已引起中國人民的嚴重注意。

人民日報時評

美國侵略者在朝鮮的敗局是定了的

《厦门日报》1951年4月15日

美国战斗机三十余架

侵入福厦等地上空窥察

为我防空部队炮火击退

（新华社北京十六日电）继十一日大批美机侵扰我国福建省沿海地区后，十三日上午九时许，又有美国喷气式战斗机三十余架侵入我国福建省的福州、长乐、崇武（在惠安东南）、厦门等地上空盘旋侦察，当为我防空部队的炮火击退。

美國戰鬥機三十餘架
侵入福廈等地上空窺察
為我防空部隊砲火擊退

【新華社北京十六日電】繼十一日大批美機侵擾我國福建省沿海地區後，十三日上午九時許，又有美國噴氣式戰鬥機三十餘架侵入我福建省的福州，長樂，崇武（在惠安東南）、廈門等地上空盤旋偵察，當爲我防空部隊的砲火擊退。

廈門市第一屆第四次各界人民代表會議
四月十七日

《厦门日报》1951年4月17日

理工师生响应政府号召
完成防空疏散工作任务

中央教育部来电表扬

（本报讯）本校为响应政府的号召将理工学院疏散至龙岩，在全体师生的努力下，克服了不少困难，同学们步行至龙岩，胜利完成“四一”复课的号召，日前中央教育部部长马叙伦来电表扬，原文如下：

厦门大学：

你校的《疏散工作第一期总结报告》收悉。你校这一疏散工作做得很好、很有成绩，你们能积极响应政府的号召，在短促的期间内完成了防空疏散的任务，教师、同学、职工们都在各个不同的岗位上表现了应有积极性与忘我的工作精神，是值得表扬的，特别是徒步赴龙岩的学生，尤其值得嘉勉。

这个工作之所以做得有成绩，是与你校整个领导和觉悟了的全体师生员工的努力分不开的。希望你校全体师、生、员、工不因此而自满，要将已收到的成果巩固下来，并为将来在教学工作上获得更大的成就而努力。

关于教学工作检查制度可先试行，并将试行的结果与经验报部。

部长 马叙伦

（又讯）教育工会黑板报会就中央教育部来电表扬事，以“在鼓舞中争取新的胜利”为题发表短评，希望会员们为巩固已收到的成果而努力，并结合当前任务，搞好历史思想检查，继续做好镇压反革命工作，以响应中央教育部的号召。

一九五一年六月

理工師生響應政府號召
完成防空疏散工作任務
中央教育部來電表揚

（本報訊）本校爲響應政府的號召將理工學院疏散至龍巖，在全體師生的努力下，克服了不少困難，同學們步行至龍巖，勝利完成「四一」復課的號召，日前中央教育部部長馬叙倫來電表揚，原文如下：

廈門大學：

你校的「疏散工作第一期總結報告」收悉。你校這一疏散工作做得很好、很有成績，你們能積極響應政府的號召，在短促的期間內完成了防空疏散的任務，教師、同學、職工們都在各個不同的崗位上表現了應有積極性與忘我的工作精神，是值得表揚的，特別是徒步赴龍巖的學生，尤其值得嘉勉。

這個工作之所以做得有成績，是與你校整個領導和覺悟了的全體師生員工的努力分不開的。希望你校全體師、生、員、工不因此而自滿，要將已收到的成果鞏固下來，並爲將來在教學工作上獲得更大的成就而努力。

關於教學工作檢查制度可先試行，並將試行的結果與經驗報部。

部長 馬叙倫

（又訊）教育工會黑板報曾就中央教育部來電表揚事，以「在鼓舞中爭取新的勝利」爲題發表短評，希望會員們爲鞏固已收到的成果而努力，並結合當前任務，搞好歷史思想檢查，繼續做好鎮壓反革命工作，以響應中央教育部的號召。

《新厦大》1951年6月16日

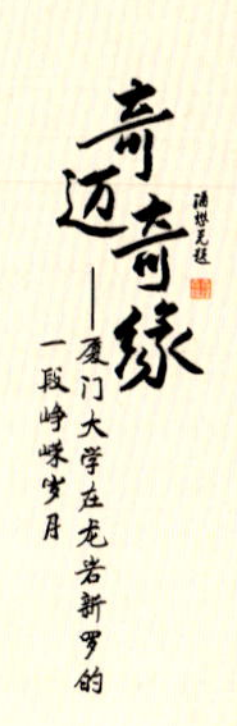

应届毕业同学

保证服从政府分配

机械系并向各院校发出挑战

（本报讯）本校应届毕业同学，为了报答人民辛辛苦苦地培养他们的热心，他们决心把所学到的技术、本领贡献给伟大的祖国，为人民服务。他们坚决地以实际行动贯彻抗美援朝的爱国运动，政法系百分之百服从分配，教育系十六位毕业同学除两位特殊情形外，其余同学全部愿意服从分配，其他各系大部分同学均保证服从政府统一分配。航空系毕业同学，不但全体保证服从统一分配，并申请供给制，为人民节省负担、建设祖国，这充分地表现出毛泽东时代青年的崇高的品质。他们不但自己愉快地走上工作岗位，而且为团结更多的各院校应届毕业同学，共同努力在祖国种种建设事业上，他们发出了挑战书，原文如下：

各院系应届毕业同学：

为着贯彻抗美援朝运动，我们航空系应届毕业同学，决以实际行动，绝对服从政府分配工作，为人民空军建设事业而努力，并全体申请供给制（除一人特殊原因外），以发扬中国青年学生艰苦任重的传统精神，特此向各兄弟应届毕业同学们挑战。

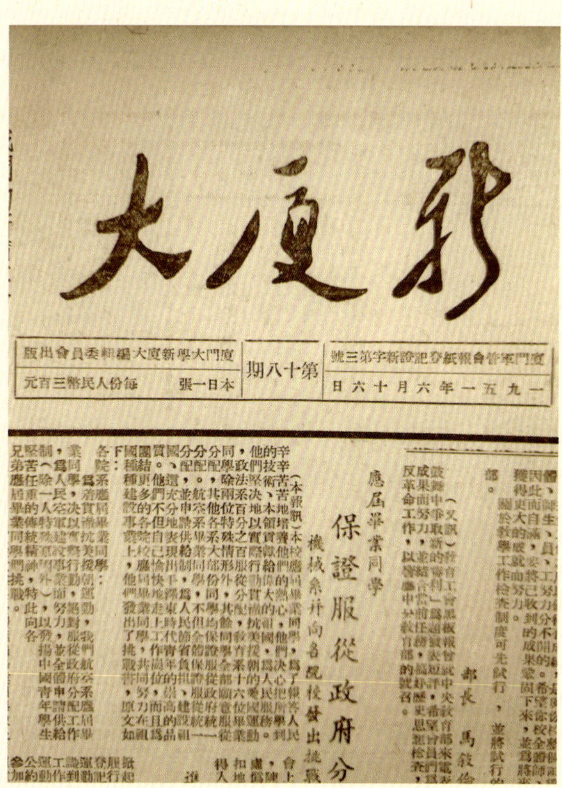

新厦大

厦門大學新厦大編輯委員會出版
本日一張　每份人民幣三百元

第八十期

厦門軍管會報紙登記證新字第三號
一九五一年六月十六日

應屆畢業同學
保證服從政府分配
機械系并向各院校發出挑戰

《新厦大》1951年6月16日

【第二章】到龙岩去

一个小家庭的远途搬迁，已是事务繁杂，诸多不易；厦大两个学院的远程迁移，更是千头万绪，非比一般。厦门大学副教务长、理学院院长卢嘉锡率人事先来到龙岩，与当地党政领导细致共商内迁事宜。这一内迁举动得到龙岩方面的大力支持，他们要求相关部门和乡村，积极热忱，全力配合厦大，做好内迁师生的安顿工作。

工学院大型仪器多，厦大根据两方面的商定，将其与全部家属迁至龙岩城关溪南一带；理学院则安置在城郊的白土乡，即今新罗区东肖镇。

1951年3月开始，厦门大学理、工两学院的师生及家眷分期分批，向龙岩迁移。仪器和师生的行李用汽车运送，学生则徒步行军前往。从厦门到龙岩，耗时六日。第一天在厦门第一码头乘船至嵩屿，再步行到漳州，当晚宿于浔源中学；第二天到靖城；第三天到龙山镇；第四天到南靖和溪；第五天翻越坂寮岭到龙岩适中镇；第六天到达龙岩。一路上，打前站的人先行，准备住的地方和食物，并动用部分学生的被褥放置在各驿站供御寒遮盖，地上用稻草铺垫，行军队伍一到就有食物和休息、睡觉的地铺。共步行三百余华里。当时有的地方社会秩序尚不安宁，经过坂寮岭时恐有土匪骚扰，学生步行队伍前后均有解放军或民兵护送。迁徙途中，曾遇滂沱大雨，辛苦疲惫之状可想而知。

让师生们欣喜的是，他们经数日艰苦跋涉抵达龙岩时，当地政府和老区民众迎候他们到来的准备工作，一切皆井井有条。老百姓腾出了近百处较好的房子（不少是华侨建造的“洋楼”），教室、实验室、宿舍等已基本安排就绪。

理学院师生到东肖后，男生们先住在溪兜中学礼堂，女生们住在溪兜中学仓库。十多天后，分别入住安置各系的民房。

真可谓：海山路迢遥，春花笑吐红；师生气豪壮，一鼓向漳龙！

为了顺利疏散到闽西

| 谢静

1949年10月17日，厦门解放，10月20日，中国人民解放军第十兵团司令员、厦门军管会主任叶飞发布教字第一号令，派军代表吴强接管厦门大学。一号令说："本市业已解放，凡前国民党反动派所属一切军事、政治、经济、文化机关团体，本会即分别按系统予以接管，实行军事管制……"留厦师生得知军管会接管校园，无不欢欣鼓舞，10月23日，举行盛大的欢迎大会，掀起建设"人民的新厦大"的热潮。第一步是返校复课。厦门军管会指示，文、法、商三学院暂不招生。理、工两学院8个系于12月招收新生135名。二至四年级老生于12月21日正式上课。由于数百名地下党员和进步学生参加革命未能按时返校，复课时老生实到人数为645名。新生于1950年1月15日正式上课。全校在校学生780人。

1950年5月24日，中央人民政府任命王亚南为厦门大学校长。学校行政设校长办公室、教务处、总务处。教学单位分设文、理、工、法、商五学院。理学院设数理、化学、生物、海洋四个系。工学院设土木工程学系、电机工程学系、机械工程学系、航空工程学系。

1951年3月，曾定、潘星光、王锡书等在徒步去龙岩东肖（白土）的路上

当年厦大理学院办公室陈德堂全貌

生物学系学生在向龙岩内迁途中留影

1950年6月，朝鲜战争爆发，美国第七舰队进入台湾海峡。1950年底，国民党军队妄图“反攻大陆”，不断空袭、炮击厦门岛，影响了厦门大学的正常教学程序。其中理工类师生既要顾及人身安全，又要保护仪器设备，无法开展有效教学科研工作。于是，中央人民政府立即决定将理学院与工学院疏散到闽西龙岩。为了顺利疏散，1951年春节前，厦门大学教务长章振乾、工学院院长朱家炘、理学院院长卢嘉锡先行到龙岩考察，得到了龙岩地区行署专员伍洪祥的高度重视和支持，同时校友林硕田也四处奔波，为理学院在东肖筹借民房。

（根据相关资料整理）

过坂寮岭时最艰辛

潘容华

1951年2月下旬，我与何铭朝二人做搬迁前的准备工作，同时骑自行车去白土。第一天先乘船到石码，上岸后骑车，当天晚上到达南靖龙山镇学生住宿地，住一夜。第二天骑车到龙岩适中住旅社，下午过坂寮岭时最艰辛，自行车后载着行李，不但骑不上去，推车也难，只得雇人帮着从后面推才上得去，既吃力又费时，到达适中时已是晚上9点多了。第三天较顺利，中午就到达白土，即到溪兜中学找林硕田老师，下午他就带我俩去看他找好的民房。回来后我们安排各民房准备入住的教师："艺丰楼"住单身教师，带家属的、年纪较轻的多数住"肃毅楼"，年纪较大的在较分散的民房住；接下来就安排办公和上课的地方。在安排过程中，很多也是依林硕田的意见进行。

肃毅堂

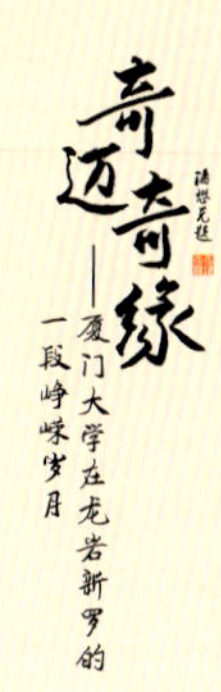

厦门大学理学院搬迁龙岩东肖（白土)记

陈烈岩

1950年夏，美国派兵侵朝的同时，令其海军第七舰队驶入台湾海峡，公然干涉中国内政，插足我国领土台湾。面对蒋军盘踞的金门，地处海防前线的厦门不断遭到美国支持下妄图“反攻大陆”的蒋机的空袭和炮击，形势日趋紧张。厦门大学位于鹭岛南端，经常遭到空袭骚扰，正常的教学和生活秩序遭受严重破坏。

经过一个学期不安的学习和生活，1951年春节过后，上级决定将厦门大学理学院搬迁到龙岩的白土镇，工学院搬迁到龙岩城区的溪南，文科的院系暂留厦门。

新中国成立初期，交通十分不便，从厦门到龙岩需先乘汽船

东肖溪连村的“乐怡堂”，当年为厦门大学理学院教授们的宿舍

到漳州的龙海海沧（现划归厦门市管辖），然后沿岩漳公路经南靖、和溪、适中至龙岩，行程约300多里。当时不仅运输汽车破旧、奇缺，更由于经费不富裕，师生迁往内地，只能徒步行军。

经过紧张筹备，1951年3月初，两院师生及眷属开始分批向龙岩进发。

这次长途跋涉，除教授和少数老、弱、病乘坐汽车外，其他师生均自携轻便行李，每天步行四五十里。当时正值初夏梅雨季节，寒风扑面，时而遇及滂沱大雨，道路泥泞，给行军带来不便。行进到南靖后，路险弯道多，坡陡，更是步履维艰。然而有着革命朝气和乐观主义的年轻人，不畏艰难，不怕劳累，前后经过十多天，终于胜利到达白土。

当我们到达龙岩后，万事早已安排得井井有条。原来疏散之前，厦门大学教务长章振乾、工学院院长朱家炘和理学院院长卢嘉锡在1951年春节前即事先到龙岩考察，得到龙岩地区行署专员伍洪祥同志的高度重视和支持。并且由于各级人民政府和龙岩东肖人民的鼎力协助，不少困难很快便迎刃而解。理学院在白土还得到原溪兜初中校长张景崧的妹夫、初中老师、厦大校友林硕田（林后随校迁回厦门时，执教于化学系）的大力支持，他到处奔波，利用其影响协助厦大在东肖筹借民房。

理学院选址在闽西著名的侨乡溪兜村，除卢嘉锡院长一家六口住在白土街南约两千米的龙泉村陈子耕家中外，其他的教授和年轻老师则散居在溪兜村的归侨、侨眷或较宽敞的农民住宅内。其中张朝海楼住的人较多，有生物系主任汪德耀、海洋系主任郑千里、外籍教授沙彭等七位教授及其家属，张海洪的二铭堂住着化学系老教授方锡畴等三位教授和家属。其他如声远厝、依德居、张锦江厝、李树章厝、张汝鳌新楼、怡燕堂、岳卢厝、沐川厝等分别住着系主任和教授、讲师。助教集中住在乐怡堂（张姓宗祠）。

刚到白土时，理学院所属的化学系、生物系、海洋系、数理系和航海专科共有150人（1951年夏招生后增至200多人）。化学系、生物系、海洋系住七公祠，数理系住乐怡堂（著名数学家陈景润住于此）。航专住在菜园洋古塘新兰厝和陈荣标厝。女同学集体住在原是粮库的三和楼。食堂设于七公祠，供理学院同学集体用餐。

理学院院长办公室和化学系教师安排在白土街东侧的承德堂（罗陈宗祠），距我在白土街的住家步行约3分钟。另在白土中心小学内东段盖有两间简易教室，在菜园洋古塘建有一座办公室和两间教室供其他各系使用。“张氏三户祠”设生物标本室。物理实验则要到白土街东南约一千米的邓氏宗祠去。

至此，内迁安置工作基本就绪，两院按原计划

4月1日复课。此事，中央政府教育部马叙伦部长收到《厦门大学疏散第一期》报告后十分感动，特来电予以嘉勉。

理学院师生到来后，白土顿时热闹起来，经常见到手携学习用品的青年人，穿梭于溪兜乡间小路和白土街道之间。白土的人民群众为尽主人情谊，1951年5月，在东肖区人民政府的组织下，由白土中心小学师生在溪中礼堂演出革命现代歌剧《刘胡兰》招待全体师生。（我拉二胡参加了，以淦宝理发师傅为首的乐队为歌剧伴奏。）此后不久，白土群众又在白土街南的铁山庙万年台上演龙岩山歌剧欢迎理学院全体师生的到来。

为了表达对老苏区人民的崇敬和对革命先烈的缅怀，1951年秋，全体师生专程到革命圣地后田武装暴动馆参观，深感革命胜利果实来之不易。

白土老苏区的人民，不仅思想觉悟高，而且素有热情好客的优良风俗。许多住有教授的人家，均能和客人和睦相处，热情相待亲如一家，因而出现了数件感人肺腑的故事。

住在龙泉村陈子耕家的卢院长和主人一家感情非常融洽，相互关怀体贴，结下了深厚的“鱼水情”。为了铭记这一融洽相处的情愫，卢院长给在陈家出生的小儿子取名“卢龙泉”。40年后的1994年10月和1999年7月，时任全国人大常委会副委员长的卢嘉锡率领中国农工民主党成员来闽考察，两次莅临陈家看望，而且还特为陈子耕的儿子陈阿剑兄弟创办的现代化家具厂题写牌匾，成为当时佳话。

在溪兜村张朝海楼的“七教授”和家属虽则人多，生活有许多不便，但张家老小对他们的生活起居仍然做到无微不至的关照，而教授们则宾至如归，十分温暖。1951年，在张朝海的侄孙女（添旺之女）秀明（现移居香港）弥月之际，“七教授”以厚礼热烈庆祝，而张家则设家宴招待，气氛十分

东肖菜园村的“承德堂”，当年厦门大学理学院的办公地点

亲热。当天，汪德耀主任还抱着秀明和教授们以及张朝海全家合影。1952年2月，理学院即将搬回厦门，大家均恋恋不舍，为感谢张家一年来的恩情，教授们和家属均郑重签名并题词留念。其中某教授的女儿超君热情洋溢写道："我不会忘记白土，尤其是朝海楼主的殷切周至的款待，欢迎你们来厦门玩，再见！"

在白土的一年，同学们的食宿虽得到妥善安排，但生活却比较艰苦。新中国成立初期，农村还较落后，一切生活条件与今日相比有着天壤之别。大家睡的是木料搭架的通铺。数人甚至一二十人头挨头、脚挨脚挤在一起，一到炎夏酷暑，汗味、脚气味十分难闻，再遇到夜间蚊虫骚扰，真是苦不堪言。在七公祠的集体食堂地方狭窄，无桌椅。只能站着用餐。几乎顿顿吃大米饭，装在大木桶内各取所需，菜肴品种单一，每人一份。平时用井水人多，大家不得不自觉节约用水，公厕不敷应用，则只好到路边开放式的农家厕所方便。学习方面，由于受水电限制和考虑环境污染，只进行简易实验。晚自习在一宗祠内，悬挂两三盏煤气油灯照明；桌椅少，同学们晚饭后即早早抢占座位。

随着厦门海防的日益坚固和海峡西岸的局势逐渐缓和，两院师生在龙岩学习生活一年后，于1952年2月下旬奉命返回厦门。此次，大多数同学仍然徒步行至漳州，再乘船返抵厦门本校。至此，具有历史意义的迁回厦大工作即告结束。两院师生在龙岩一年多时间给龙岩人民留下不少难以忘怀的记忆。

厦门大学理、工学院在龙岩办学虽一年多，但对龙岩的教育事业却有很大的影响，特别是唤发了龙岩莘莘学子的"升学潮"。由于种种原因，20世纪40年代龙岩青年人入大学深造的不多见，新中国成立前后也寥寥无几。1950年夏天，考入厦大的仅有苏育嵩（海洋系）、张荣坤和我（化学系）三人。1951年暑假，厦大为了答谢龙岩人民的热情支持和帮助，特在龙岩建设招生考区，为龙岩年青人创造升学有利条件。这一年考取厦大的就达一二十人，其中白土有李海明、陈厦山、张予奇（理学院）、黄仰萱（外贸系）等人。现为中国工程院院士的林鹏也在此时考入理学院生物系。此后，随着鹰厦铁路的贯通，人民生活水平提高和龙岩境内多所高级中学的建立，龙岩学生每年考入厦大深造的人数与日俱增。目前，龙岩的知识分子已遍布全国各地，有不少是新中国成立后在厦门大学毕业的学生。其中有不少已成为著名教授、专家学者或国家各条战线的建设栋梁。

罗陈宗祠的边门

厦门大学于1963年成为全国重点大学，2000年后更是成为东南沿海著名学府，现在院系很多，更是龙岩的莘莘学子所向往的名牌大学。

祝愿厦门大学更加辉煌腾达。

（注：有关资料由东肖侨联会名誉会长张罗提供）

南靖和溪临时接待站

| 吴联山

1950年，刚解放不久的厦门，防空部署还没有完全到位，溃退台湾的国民党部常常派飞机来骚扰，为了避免因轰炸造成损失，教育部决定厦门大学理学院和工学院共九个系暂时内迁。经过短时间的筹备后，两院于1951年春同时搬迁到龙岩的白土和溪南两地临时校舍上课。随着解放军防空力量的逐渐壮大，不到一年，厦门的安全就有了充分保证，在上完一个学年的课后，两个学院又于1952年春从龙岩迁回厦门。

当时的交通条件比较差，在两次搬迁中，同学们都只能乘“11路车”(即步行)。为了便于途中接待，同学们必须分批出发。约400名两院男女同学分为五批，每批80人(女生占1/3)，每天出发一批。每批每天走20至24公里，五天到达目的地龙岩校舍。为了接待步行去龙岩的同学，学校决定沿途设10个临时接待站，分别是漳州、天宝、靖城、马山、金山、龙山、和溪、永溪、适中、曹溪，终点是龙岩白土和溪南临时校舍，每站间的距离约10~12公里。单号为大站，接待同学住宿，供应茶水、晚餐和次日早餐；双号为小站，仅供应茶水和午餐。

各接待站的工作人员由各系同学中抽调志愿者25人组成，分10个组，每站一组，每组2至3人，自带行李，先集体出发两天，并逐站留下一组，做好接待准备工作。大站接待同学住宿的住房向群众借用，被席则使用每批同学的被席。第一批至第五批同学到达漳州站后，将被席交漳州站负责人，第一批同学的被席留漳州站使用。第六天，当第一批同学从最后一个大站向龙岩行进时，第五批同学(最后一批)也同时离开漳州。于是，便立即将第一批同学的被席用汽车运往龙岩，当天到达、归还第一批同学使用。第二批至第五批同学的被席按顺序分别运到靖城、金山、和溪、适中等站使用，用完后也同样于当天用汽车运到龙岩。所以，每批同学到达龙岩时，都能及时领回自己的被席使用。

和溪站接待工作由土木系二年级吴联山、魏承景、傅锺鹏三人承担，吴联山是闽南人，会闽南语，被选为组长。三个人像亲兄弟一样团结一致、全心全意接待每批过站的同学，让他们吃饱、吃好、睡好、休息好，消除当天的疲劳、鼓足第二天的劲头，继续往前走。我们是中间站，同学们走了三天，到达时都非常累，需要好好休息。为此，我们关心他们的需求，特别是体弱的同学，尽量解决他们的问题，得到同学们较好的评价。

和溪是区政府所在地，我们到后马上向区长汇报我们的任务，请求他们的支持、帮助。他立即安排，派人协助我们了解情况并解决有关问题：

1. 为了同学们的安全，我们首先了解沿途社会治安情况。被告知，当时适逢土改后不久，群众觉悟高，社会安定，沿途可以平安通行，住处可以放心休息。

2. 把临时接待站安排在距区政府仅250米的一幢大房屋中，房间比较集中、好管理，每间住宿有5~10人，厨房、厕所都很方便。

3. 借够能满足80多人用的厨具、餐具，并雇好一位有煮大锅饭经验的50多岁的妇女和她的侄女，指导、协助我们煮饭菜。

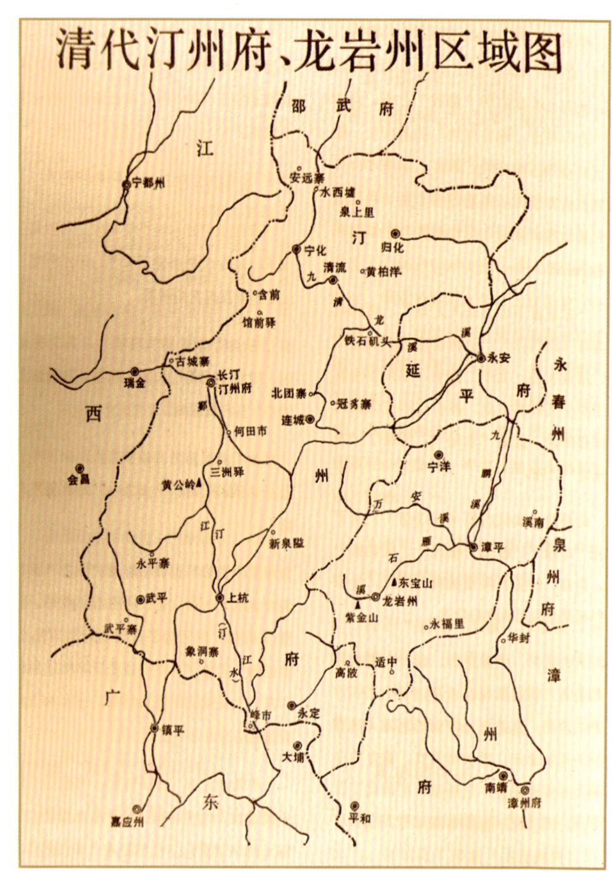

清代汀州府、龙岩州区域图

第二天，我们打扫房间，购买充足的新鲜干稻草当垫褥，铺得厚些让同学们都能休息好。

同学们的伙食标准是每人每天五角钱，早餐一角，午餐、晚餐各两角。我们站负责早、晚餐，每天共有80人，共计24元可以开支。要做到既不超支，也不节余，全数用完，我们认真做了两件事：一是市场行情调查，二是做好开支计划。

在市场调查的基础上，我们做了切合实际的每天开支计划：粮食以大米每斤0.1元计，每人每天0.06元，柴火等每人每天0.01元，肉每斤0.4元，鸡蛋、鸭蛋三个0.1元，以肉和蛋为代表的荤菜每人每天0.16元，素菜也很便宜，每人每天0.07元，

合计每人每天0.3元。

饭菜尽量多样化，晚餐是干饭和绿豆粥或汤面，一荤一素一汤。早餐是打铁粥(即稠稀饭)、油条、花生、豆腐、蛋。每人晚餐、早餐均有一个蛋（煮蛋或炒蛋）。出发的时候每位同学还带一个煮熟的蛋在路上当点心。

每天早晨7时左右送走同学后，我们三人立刻就去市场采购下一批同学的食材。中午我们三人基本不煮饭，经常光吃蛋，有时吃蛋面，很是开心。午餐后大家抓紧时间睡觉，以补充夜晚睡眠的不足。下午两点，我们开始洗菜、烧开水，四五点煮晚餐饭菜。

由于体力不一样，同学们走起路来有的很轻松，有的则比较疲累，一路上大家都能发挥互助友爱的精神，相互关心，相互照顾，相互陪伴，相互鼓励，从而保证了每一位同学当天都能走完一大站，尽管到达的时间有先后。早到的同学有些富余时间到周围逛逛、欣赏风景，晚来的同学也误不了晚餐。同学们来了以后，我们为他们安排住处，介绍打开水的地方和周围环境，大家稍微休息后集体用晚餐。晚餐后，同学们陆续休息，我们则收拾洗涮，为次日早餐做好准备，完成时早已过了平时该休息的时候了。

第二天早上5点，我们就开始煮早餐的饭菜。6点左右同学们陆续起床，6点半开始用膳，7点将他们送走。完成一批接待任务后，又开始准备接待下一批同学。

把最后一批(第五批)同学送走后，我们把在我们站使用的属于第四批同学的被席打好包、集中起来，等待汽车运往龙岩、归还即将到达目的地的第四批同学。接着打扫房间，送还借用的物品，到区政府去致谢，并答谢支持我们的群众。就这样，我们完成了第一次的接待任务，走的时候已经熟悉我们的群众还依依不舍地欢送。当我们赶上离开我们站的最后一批同学时，就和他们一起向前面的目的地行进。

1952年春从龙岩回厦门时，我们三人仍在原处接待回厦的同学。有了上一次的实践经验，这一回不但没再雇人指导，而且做起来还很得心应手。前后两次各七天的接待工作，更具体的已记不起来，永远留在我们脑海里的是：紧张、劳累，但又很愉快、很充实。

35年后，笔者有机会到和溪重游故地，原接待站用的房子已经改建成为集市，原来的熟人也都找不到，打听到的唯一一个人是帮我们忙的阿婆的儿子，但也只知道他是在南靖县城当干部。

一段详尽的记载

曾定

当时杂记中有如下记载：

3月15日晨，离厦，搭“五洲船”赴漳，12时许船搁浅，上岸步行30里，4时抵漳，宿于漳州浔源中学。

16日早自漳赴“靖城”，40里，先在“天宝”吃地瓜，午后1时到，天气阴。

17日赴“龙山墟”，中午歇“马山”，傍晚到，共52里，宿于一教堂。

18日从“龙山”去“和溪”，共58里，上午走32里到“水潮”，下午4时半到“和溪”，天热，此地墟期为1、6，物价便宜。

19日自“和溪”到“适中”，共56里，上午天阴沉，云雾迷蒙，午歇于“修竹斋”，饭后大雷雨，雨后攀“坂寮岭”，为此行途中最高之山，有解放军与民兵护送，下午4时半到“适中”，宿于一大夫家，此地有邮局。

20日自“适中”径赴“白土”，阴，偶有雨，70余里路，反较昨日轻松，下午3时即到，因须整队，等至4时始进村，一进村，溪兜小学生即来欢迎并争背行李，我们也在村里贴标语，晚宿于溪兜中学礼堂。

此次生物系与电机系同抽第一批行，15日动身，20日到达，共历6天，沿途有先遣同学招待食宿，我与王锡书、潘星光、张礼善同一小组，第1、2日作断后，后4日作先锋。

【第三章】红土书声

1951年4月1日，从海滨厦门转移到龙岩山乡的厦大理、工两学院，在这片红土地上敲响了复课的钟声。

理学院“落户”在东肖溪兜村（现为溪连村），作为厦大副教务长兼理学院院长的卢嘉锡，一家六口住在龙泉村（现为联邦村）陈子耕的家中。其他的教授和年轻老师散居在溪兜村的民宅里。

“为什么那时候的厦大会迁到我们东肖呢？因为我们这里是革命老区，群众基础好。”老房东陈伦城骄傲地说道。他家当年是厦大学生宿舍。厦大校长王亚南前来视察时曾在他家住过一宿；陈景润当时也在这里与同学们打过通铺。人们记得，每每早上起床后，不少同学到晒谷场上的简易篮球架下打篮球，而陈景润稍作伸手踢腿，便带着《袖珍英汉字典》到僻静的田间地头去啃英语了。

在当时特殊的环境下，卢嘉锡院长带领老师们兢兢业业、一丝不苟地备好课、上好课，并千方百计建立简易实验室，使教学、实验质量保持优良。这种环境使师生们接触的机会多了，彼此间的关系更加亲密。老师们言传身教，给学子们树立起良好的榜样，激励他们愈发勤奋地求学钻研。白天，上完课，大家生龙活虎地进行健身锻炼，而后到清澈的小溪流里濯足洗衣、游泳嬉戏；晚间，同学们点燃蜡烛，坐在通铺上认真看书学习。

厦大师生们的到来，给红土地带来了先进的文化。一部分老师和学生在当地的一些中学兼职授课，传播科学文化知识，也让当地年少的学子们亲睹了大学教授的风采。厦大师生们还经常在课余时间举行体育比赛和文艺演出，矫健的青春身影、动听的歌声，让父老乡亲们耳目一新，民风乡俗亦深受熏陶。

艰难困苦，玉汝于成。东肖一年的时光里，虽然学习、生活条件远不能与母校相比，但厦大师生们始终葆有良好的教风、学风，呈现出吃苦耐劳、坚韧不拔、生动活泼的精神风貌，为日后学子们报效国家、服务人民奠定了坚实的基础。

1959年的中国海洋大学

在白土（东肖），我曾被选为理学院学生自治会主席

陈宗镛

在白土我曾被选为理学院学生自治会主席，也就自然地成为厦大学生自治会的副主席之一。为宣传抗美援朝运动，我在白土东肖中学礼堂主持了动员大会。学生会工作重点都听地下党联系人胡玉才指示，完全按照其意旨办事。

海洋学系学生大多学习生物学系课程。我虽喜爱数理，曾和陈景润等人听方德植教授的高等数学（教材是一本美国英文的书），也听过理论力学等课，但郑重、金德祥、张松踪、黄厚哲、周楠生等人教的有关生物学的课，我都取得学分。海洋学系当时还有航海专修班。

1952年7月全校举行毕业典礼。在毕业分配工作的名单上，陈宗镛、江克平留厦大海洋学系任助教。后因全国院系调整，厦大海洋学系物理海洋组合并入青岛的山东大学。随后在唐世凤教授带领下，我和江克平共同率领两个年级近20人抵达山东青岛，在山东大学理学院建立海洋科学系。1959年改为中国海洋大学。

自己动手 自力更生

何大仁

龙岩中山路旧景

1951年冬，我参加中国学生代表团访问苏联，回国后在白土溪兜中学礼堂做传达报告，由卢嘉锡教授主持会议。卢教授风趣地说：“今天何大仁长大了，已是‘大人’回来了。”

当时厦大的一些家属也内迁龙岩，住在龙岩城内文庙中，子女在龙岩一中就读。我父亲何励生是校长办公室秘书，我母亲和弟妹也疏散到龙岩，住在龙岩文庙。每逢星期天我都借周楠生的自行车进城看望母亲。

当时坚持因陋就简、自己动手、自力更生，迅速恢复教学工作，许多扶手椅都是学生自己动手装配。到白土不久就开始上课，分析化学课，定性分析部分由卢嘉锡上课，定量分析部分由陈国珍上课，助教都是田昭武。分析化学实验室在远离红场大山下田野中的一栋房子里。蒸馏实验，无自来水，土法上马，把一个大木桶垫高，由几个工人轮流挑水倒入大木桶，人工提高水位，人造自来水，使蒸馏实验顺利进行。

当时也没电，晚自修在溪兜中学礼堂阅览室上，靠汽灯照明，早去才有位置。记得当时参考书是《原版达明化学》，只有几本，迟去便借不到了。

一次，海洋系气象学教授石延汉在厦门听了一场抗美援朝赴朝慰问团的报告后，向白土师生传达了慰问团的报告，很生动。

我承担三个任务

陈奕培

理学院内迁白土期间，我承担三个任务：（1）包揽理学院一年级“微积分”教学工作（包括讲课和批改作业）；（2）卢院长指定要我承担理学院办公室之下的教务工作；（3）协调安排宣传工作。

当我发现陈景润交上的作业，除时常用大小不一的纸头外，更特殊的是对每个计算题只写题目号数和答案。我认为他的作业不符合要求，曾到他住处了解情况，他顿时有点慌张，打开抽屉，抓出一大堆草稿纸，表示他没有抄袭，所有作业都是自己完成的。我当即回答他：“不要紧张，你很用功，相信你绝不会抄袭。但是每个题目只写答案，而在所得答案的计算过程中，关键步骤应该写出，不要为了节省纸张而全部略去。”往后他改正了。另则我知道他学习很认真，但是纠正他做作业的表达方式，我认为是我的教学工作应尽的责任。

在处理有关理学院教务工作的一些琐事时，我时常为协调师生参加宣传工作与保证正常教学工作之间的矛盾，而感到左右为难。最后总必须达到理工学院党支部的要求（具体情况不便细说）。

桐冈书院

龙津河溪南段 谢明坤/摄

那时的龙岩山清水秀

林一鹗

我是莆田仙游人，87岁了，副教授级高工。

我是1950年工学院电机系学生。刚去龙岩的时候住在一个农村里头，不知道住了几个人，当时上课的地方在龙溪，去的时候没有桥，就是一个轮渡，木头船，一个挨一个，中间用木头架起来，是为方便当地人挑煤炭而建。溪水非常干净，有些同学从木头船上跳水，也有同学从3米高台跳水，在河里游泳。

当时女生宿舍在溪边，男生宿舍在溪后头，用的是干厕所，没有水冲，生活条件比较艰苦。

那时候，体育课是在城里一个山坡上面的一所中学上，叫龙岩中学。

有一次龙岩发生火灾，一条船过道着火，学生就拿着脸盆参加灭火。

当时工学院还组织学生扭秧歌，参加节日游行。但是，当时功课一点都没有落下，没有打折扣，跟在厦门时一样严格。本来是1953年毕业，当时提前一年毕业，考试题目照样非常严格。有一个教交流电路的简伯敦老师，出的考试题目从上午考到下午，有些同学做完试卷都下午三四点钟了，我当时考了80多分。有些同学不及格要补习，功课好的要帮助功课比较差的同学。

1952年厦大迁回厦门后，我到了北京重工业部化学工业局设计处工作，设计化工厂的电器。1983年返厦，在湖里特区设计公司工作，当时的特区只有湖里2.5平方千米。后来工业设计院与特区设计公司合并，与宋一久教授成为同事。

学校的旧址，在桥那边。当时工学院院长是黄苍林，莆田人，也是电机系的老师。电机系主任是寿俊良，上海人，教电机学。简伯敦，教交流电路。当时厦大的基础理论打得非常扎实，应付工作是绰绰有余。

退休后，我参与设计过龙岩体育场。

当时白土农副产品很便宜

陈宏溪

这地方就是当年红场的检阅台，已经过维修

陈银溪同学在溪兜中学礼堂做抗美援朝的宣传，文章内容通俗易懂，受到镇干部的好评。有一次，同学们在红场听志愿军的英雄事迹，很受教育。还有一次大家步行去龙岩，在一礼堂听地委书记的形势报告，这位同志自我介绍说自己本来是机械专业的大学生，参加革命后便当了革命领导干部，报告相当精彩，大家听得津津有味。

陈景润与生物系同学均住在同一座祠堂内，大门外有一口水井，傍晚不少人打井水淋浴，大热天陈景润比别人穿得多，从未打过井水淋浴，给我的印象是身体不太好，时常有人找他开玩笑，他总是一笑走开。（曾定补充：陈景润为人老实、和蔼，书呆子味道很浓。他常把书一页页撕下放在口袋里，随时拿出来看。从宿舍到食堂要经过一段田埂，边走边看，不止一次把脚踩到田里去。）

汪德耀等生物系老师住在一栋红色粉墙的楼房里，好像是一位华侨的住房。当时白土农副产品很便宜，厦大师生迁到白土，使不少农产品价格上涨了，汪老师胃口很好，据说“一天吃三个鸡蛋都不算多”就是汪老师的名言。

龙岩时代
是厦大历史上不可磨灭的一页

| 黄启巽

龙岩时代是第二个“长汀”，在厦大历史上是不可磨灭的一页。

艰难岁月，难不倒一心向上的师生

现在的学生是很难想象在白土的环境中，不但走出了6位院士，而且培养出一大批为祖国头几个五年计划建设做出重要贡献的科技人才。

在那么困难的物质条件下，老师们兢兢业业地备好课、教好课，千方百计地创立简易实验室，使教学、实验质量保持优良。并且由于环境关系，师生接触机会多了，老师的言教身教，给学生们树立了榜样，促进了学生的好学精神。

学生们晚上点蜡烛，坐在通铺上看书学习；体育活动完了，下小溪洗澡。艰难的生活环境没有难倒他们，反而给他们在以后的工作中奠定下吃苦耐劳的基础。因此1952届同学（四年制、三年制）分配到中央各部工作时，表现都不错。使得在1953届毕业分配时，都纷纷来厦大要毕业生。他们认为厦大学生不但质量优秀，而且吃苦耐劳。

接受老区群众的革命传统教育

后田村，在中国革命史上，有它一定的地位，邓子恢、郭滴人等革命前辈在此奠定了闽西革命的基础。

我们曾到后田村听取革命老妈妈（姓名忘了，她在解放后曾由毛主席北京会见）诉说当时邓子恢、郭滴人二人在后田村闹革命的事迹，并参观了她家中为掩护革命同志在鸡窝下挖出的地洞，以及听她介绍在夜间送革命同志入后山密林中转移的情景。

白土是老区，革命斗争反复激烈，可歌可泣的事迹教育了我们，这是活生生的“革命史”。

虎！虎！虎！

白土附近常有老虎出没，除听老乡们讲过去有关老虎的真实故事外，在白土的一年中，也接触到有关老虎的一些事实：

卢嘉锡老师住在龙泉村，有一段时间老虎白天下山，进村叼走了小猪。因此，他晚上开完会从镇上回家时，得由4个彪形大汉般的学生，每人打着5节电池的手电筒护送回家。我记得其中有化学系的陈经竹和魏兆琼。

陈贤镕教授有一天晚上上厕所时，看到栏杆外不远的小丘上，有一对在黑暗中发亮的东西，惊呼后其他老师跑出来把它吓跑了。第二天由老乡们鉴定，该地点确有老虎的足迹，因为地是湿的，足迹特别明显。

生物系钟琬玲等几个同学，曾两次晚上在溪兜中学礼堂自修完回宿舍时，见到远处有眼睛发亮的动物，据说是老虎。她们只好大声唱歌，打着手电筒快步走回。

有一天晚上，在靠近小溪的化学系男生宿舍，同学们听到断断续续的动物号叫声。翌晨，老乡们说是在溪的那一边有一只母老虎在寻找小虎。因此晚上外出大家都特别小心。

艰苦出人才

宋一久

我名字中的“一”原为“懿”，意为歌颂妇女美好德行，后因“文化大革命”反四旧而改为“一”。我于1930年1月26日出生，今年88岁，是教授级高工。

我是工学院土木系学生，1949年12月被厦大录取，1950年1月入学，2月开始上课。说是读四年，实际读了三年，又晚半年开学，中间经历了抗美援朝，迁校到龙岩，实际上只读了两年书。在厦大时读英文，出来后读俄文，说好听点是“全才”，说不好听点就是什么也不会。艰苦出人才，穷人的孩子早当家，知识基本上是后面在工作岗位时自学的，后来大家都成为了院士、教授和专家，如厦大数学系教授林鸿庆。

当时，国民党派飞机轰炸，厦门死了很多人，于是理、工学院迁移至龙岩。1951年3月、4月我们步行去龙岩，走了四天路，坐船到漳州（当时的龙溪）。理学院在白土，就是龙岩的一个镇。工学院设在市里，那里一个河边有一个木头桥，河水很清，可以在那里洗脸漱口，时不时有农民挑煤经过。

新罗第一泉原址 谢明坤 摄

后来中国发明高射炮，厦门建防空洞，1952年4月又搬迁回厦门。

当时的老师有李兆源，教结构学。他当时在学生会工作，是执行委员（共八九个），管理学生的衣食住行。为支持抗美援朝，当时每日三餐吃稀饭，配点儿黄豆、咸菜和冬笋，那个时候人很少，也没有灯，只能点蜡烛。教室都是祠堂或者民房，学习没有正规书，课本都是油印的，写字用的是草纸，黄颜色的，蘸一层水上去，墨水才不会渗透，条件特别艰苦。

我也在团里工作，思想先进，曾介绍四五个同学入团。最初在高中（一中）省中工作。后在共青团（当时称“青年团”）。

我因要参加第一个“五年计划”而获准提前毕业，1952年6月发毕业证书，周恩来亲笔题写：“奉命提前一年毕业，按照本科待遇。”

当时填的第一志愿就是朝鲜，其次是东北、西北，忆苦思甜，最终被分配到了北京还不乐意。毕业后分配在北京冶金部工作，什么都不懂就开始参加工作，工作的内容是上大学期间听都没听说过的，叫作“尾矿设施”。一开始谁都不会，到现在靠自学谁都是专家，是很稀罕的。1982年改革开放后厦门成为经济特区，1984年，又重新回到厦门，在工业设计院工作，从事土木建筑，设计建设许多高楼大厦、桥梁、铁路、隧道等，直到1990年退休。

在龙岩期间，寒暑假都参加社会工作，没有工资，但包管三餐。

记得龙岩的山包上有个教堂，宋一昌老师住在教堂旁边，他是航空系的教授，教喷气飞机专业，是中国第一代的专家。理、工学院迁回厦门一年后，他去北京航空航天大学教学。1973年，因患癌症去世。

当时工学院和理学院放假互相联欢，1952年回来后住在芙蓉楼，一个寝室6个不同专业的学生混在一起住。

厦门大学教育工会第二届委员会

分别在厦门和龙岩选举

| 郑道传

1951年4月26日至4月29日，厦门大学教育工会第二届委员会分别在厦门和龙岩选举，选出委员13名，候补委员4名，经费审查委员3名，候补若干名。

各委员分工如下：

主　席：叶国庆

副主席：陈福习（龙岩分会主席）

秘书处：何永龄、隋若兰、林坚冰

组织部：张来仪、李金照

业务部：吴兆莘、李法西、李青云

文教部：杨尔衢、郑道传

福利部：陈朝璧、汪如济

财务部：陈博美、陈冬冬、葛家澍

经费审查部：朱保训、刘春征、黄道柯

候　补：萧贞昌、董雁秋

中国教育工会厦门大学第一届委员会委员合影
（1951年4月9日）
图片由郑启五提供

厦大工会职工业余学校龙岩第一分校全体师生合影
（1952年1月26日）
图片由郑启五提供

壮大中的厦大

（节选）

这学期，通过各种艰巨的任务，说明厦大的进步，是应该被肯定在全国性的意义上。这正如中央教育部对厦大理、工学院完成疏散工作的表扬中所指出的：“是与整个领导和觉悟了的全体师生员工分不开的。”

理、工两院的疏散工作，是厦大同学各种政治活动上最具战斗性的，也是最能具体代表厦大的革命精神的一次业绩。伟大的，不单是他们能够克服一切困难，胜利完成了三百里的长途行军，重要的是他们在完成任务过程中，所表现的坚强与团结的积极态度。

疏散工作，对理、工同学是一次考验，而对文法、财经同学是一次教育，针对厦大的思想情况，王校长及时地提出这么一个尖锐而具概括性的问题：“对于斗争性生活和群众性活动，文法、财经学院，一般是否没有理工学院表现得认真积极？”

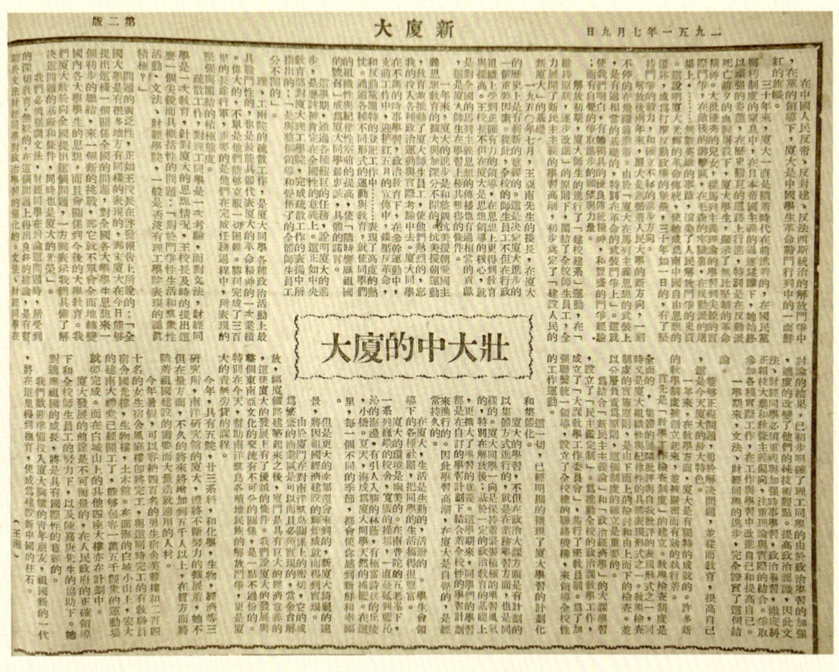

新廈大　第二版　一九五一年七月九日

壯大中的廈大

《新厦大》1951年7月9日

理学院各系概况——数理系

任务：数理系系由原来成立已久之数学系与物理系合并而成。现分为两组——数学组及物理组，每组的任务均在培养专门研究人才，培植中等学校师资以及提高国家文化水平，学生入学后，先予以普通训练，二年后即须认定一组（数学或物理），作较深一步之探讨。

设备：本学院图书仪器之设备，原已具有两系之规模。图书杂志各数万卷，物理仪器三千余件，尚在继续充实中。另一部分仪器，则系由本学院仪器工场自行制造者。

学习生活：学院内同学，一般勤谨活泼，学习风气，至为浓厚。同学间对实验课程特别爱好者，大有其人。晚间有时在实验室中，尚有同学们坐在钠光灯边与分光镜面前细心观察。学生们已有集体学习的经验，如近代物理高等微积分等课程，均已进行学习小组生活，经常解决自学上所遭遇的困难，三四年级同学在学生会内亦显示得十分能干活跃。

毕业生有在各部门研究机构工作者，有在中等学校服务者，一般均能胜任愉快。

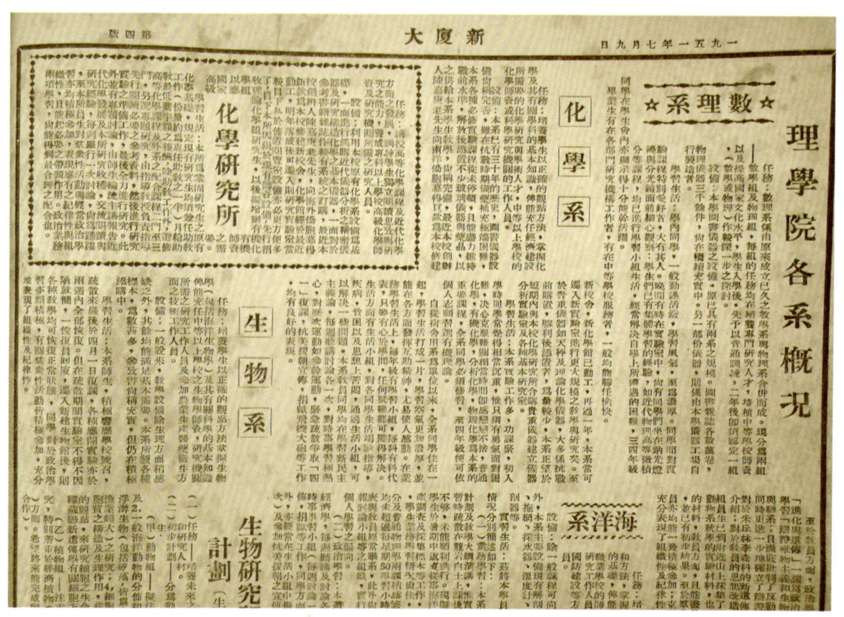

一九五一年七月九日　新廈大　第四版

理學院各系概況

數理系

化學系

化學研究所

生物系

生物研究計劃

海洋系

《新厦大》1951年7月9日

理工动态

■ 十月廿八日，团厦大理工工作委员会及理学院团总支在溪中礼堂开成立大会，很多非团员也踊跃参加了这个会，并且向团提出了许多宝贵意见。最近各支部的团小组，参加组织生活的同学也大大增加，这表示我们团与群众通过了爱国主义思想教育的历程，且已有了显著的进步。

■ 为了迎接志愿军出国周年纪念日，生物、化学、海洋三系于十月廿六、廿七日修订了爱国公约。最近各系做早操人数激增，开夜车的现象大为减少；同学们经常关心时事，周末各生活小组时有漫谈时事中心问题；各项作业也能准备缴交。各系还建立了检查制度，经常检查爱国公约的贯彻及执行。

■ 在修订爱国公约的过程中，生物系周楠生先生将他的稿费20万捐献出来，工会第二部门委员会的黑板报——“工讯”特给予表扬。

■ 在简陋的条件下，行政人员与同学们都能本着克服困难的精神来创造自己的学习环境。如各系没有阅览室，就利用宿舍的空隙地带，用竹篾围成了小房间暂时代替，现在生物及数理系的阅览室就是这样形成的。

■ 文体活动在理学院正蓬勃开展着。现有的三个篮球场及七个排球场还不敷需要，因此在红场外的草坪也被利用起来；跳舞、掷手榴弹、打腰鼓、做团体游戏等文体活动使同学们的生活过得更是轻松愉快。

理工動態

（通訊員：蕭培根、黃慶雲）

《新厦大》1951年11月11日

■ 院里推行一人一职运动后，各种混乱现象已渐归消灭，并且许多以前从不参加工作的同学，现在也渐积极参加各项活动。因此最近的各种工作都能很顺利地开展，并且解决了许多同学在工作与学习上的矛盾，各部门的负责同学都表示："现在我不会很忙了。"

■ 理学院内的通讯组织，现在空前膨大。属文化部的黑板报组织有学习与生活及文娱与体育版。并且各系出版股也单独出版了黑板报，配合院里宣传。团总支也刊出黑板报，第二部门委员会也出版了"工讯"，所以文化宣传工作在院内搞得很热烈。

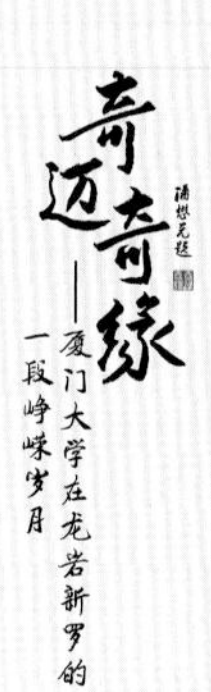

■ 工学院各系检查修订公约都很认真，讨论相当热烈，土木系不少小组并提出今后改进的办法，早操都参加，文体活动参加人数达到80%以上。一、二年级习题都能按时缴交，时事学习方面一般说二、三、四年级都很重视，一年级尚较差。

■ 机械系的业务学习很紧张，都能做到准时缴交习题，文体活动已较上周进步，并做到互相检查督促。

■ 电机系修订得都比以前实际、具体，如三年级“有线电”常常迟到，他们在这次修订中提出了保证，领导上也设立了检查制度。同学们热烈捐献报费，现在又增订了两份报纸，使系阅览室更充实起来。文娱活动自从康乐部统一分配时间地点以后，“人太多”的问题已得解决，参加的人很多，情绪日益高涨，系康乐股正在酝酿小组制球赛，并定星期六下午为特别文娱时间，组织合唱、口琴、歌舞、戏剧等组，准备迎接一九五二年元旦的节目。

■ 为了提高教学效率，生物系黄厚哲先生参照苏联“课堂讨论”的方式，在他所教授的“进化与遗传”及“普通生理学”两门课程中，试用一种新的教授方法。即在每一章节讨论结束后，由同学做精义简要的演讲，并补充说明先生在课堂上遗漏的地方。此方式试行结果，一般同学认为相当有效，因为这样可以使同学在课外一定要阅读参考书，同时培养同学们综合问题及说明问题的能力。

（通讯员：萧培根、黄庆云）

岩工会小组

修订爱国公约

（本报讯）工会岩处为了把爱国公约订好，最近会请专人做启发报告，布置学习及典型的经验介绍，再由各小组讨论后修订，大家非常认真地进行。

（又讯）工会岩处各小组，最近举行有关“行政上领导问题”的讨论，内容以岩处各行政部门在领导上有无偏差，如何纠正等问题为主，其具体决议，现在整理中，不日可正式提出，送请行政参考。

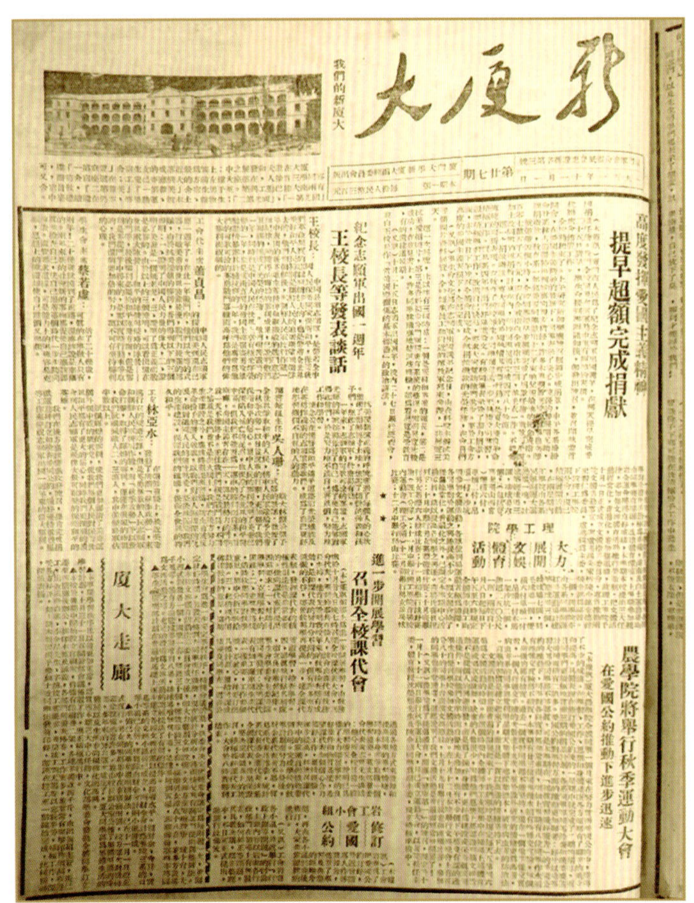

新厦大

我們的新厦大

第廿七期

高度發揚愛國主義精神 提早超額完成捐獻

紀念志願軍出國一週年 王校長等發表談話

理工學院 大力展開文娛體育活動

進一步開展學習 召開全校課代會

農學院將舉行秋季運動大會 在愛國公約推動下進步迅速

岩工會小組 修訂愛國公約

厦大走廊

《新厦大》1951年11月1日

来自龙岩的一组消息

理学院修订爱国公约以后

（理学院修订爱国公约以后）发挥了巨大作用，现在参加早操的经常保持百分之九十以上，下午四时至五时半的文体活动，教职员工踊跃参加，把运动场挤得满满的。化学、海洋两系同学还组织了学习互助小组，互相帮助克服困难。政治学习也更加重视了，如工会生物系小组，将经常学习唯物辩证法一项订入爱国公约；膳食部的工友自动要求同学帮他们读报。在实验室里，浪费药品，随便使用仪器的现象也大大地减少。爱国公约在理学院已证明是推动学习与生活的最好的方式。（通讯员：萧培根）

工学院团教职支部的新气象

工学院团教职支部自成立后，加强了团内团结，搞好团群关系，并加强在教员方面的团结工作，他们以积极参加文体活动，带动了其他的先生和同学，工友们看到他们的好表现，也有要求参加组织的，今后他们还将继续努力，以发挥更大力量。（工学院教职团支部）

（通訊員：關秀如）

理學院修訂愛國公約以後

發揮了巨大作用，現在參加早操的經常保持百分之九十以上，下午四時至五時半的文體活動，教職員工踴躍參加，把運動場擠的滿滿的。化學、海洋兩系同學還組織了學習互助小組，互相幫助克服困難。政治學習也更加重視了，如工會生物系小組，將經常學習唯物辯證法一項訂入愛國公約；膳食部的工友自動要求同學幫忙他們讀報。在實驗室里，浪費藥品，隨便使用儀器的現象也大大地減少。愛國公約在理學院已證明是推動學習與生活的最好的方式。（通訊員：蕭培根）

工學院團教職支部的新氣象

工學院團教職支部自成立後，加強了團內團結，搞好團羣關係，並加強在教員方面的團結工作，他們以積極參加文體活動，帶動了其他的先生和同學，工友們看到他們的好表現，也有要求參加組織的，今後他們還將繼續努力，以發揮更大力量。（工學院教職團支部）

電機系徹底反方言

為了加強同學之間的團結，打破因講方言而造成的隔閡，系中各小組普遍地把反方言訂入愛國公約，三年級同學首先提出「徹底反方言」的口號，二、一、四年級先後應戰，並提出保證嚴格執行，現正大力進行中。（電機系通訊）

岩工會舉行郊遊

工會岩處舉辦了到龍門的秋季大郊遊，參加人數一共有七十餘人，他們實際的接觸到當地民衆的生活、了解當地的物價，市街建築，及小型水電廠等。（工訊）

《新厦大》1951年12月20日

电机系彻底反方言

为了加强同学之间的团结，打破因讲方言而造成的隔阂，系中各小组普遍地把反方言订入爱国公约，三年级同学首先提出“彻底反方言”的口号。二、一、四年级先后应战，并提出保证严格执行，现正大力进行中。（电机系通讯）

岩工会举行郊游

工会岩处举办了到龙门的秋季大郊游，参加人数一共有七十余人，他们实际地接触到当地民众的生活，了解当地的物价、市街建筑，及小型水电厂等。（工讯）

《新厦大》1951年7月9日

闽西山乡回响

厦大学子的琅琅书声

——林鸿庆、曾定、符维健对话东肖（白土）岁月

时　间： 2016年6月28日

地　点： 厦门大学嘉庚楼会议室

人　物： 林鸿庆(龙岩白土时期厦大校友，厦门大学数学系教授、原系主任）

曾　定(龙岩白土时期厦大校友，厦门大学生物学系教授、原系主任)

符维健(中共龙岩市新罗区委党史研究室主任)

曾定： 我们作为厦大的一个成员，应该把我们所知道的东西尽可能地记录出来，让历史不要有缺失。其实，当时到龙岩去的那些人，现在我们能联系上的还不少，昨天我还和林鸿庆说，就厦大范围内就能找到十几至二十个人。

林鸿庆： 有！

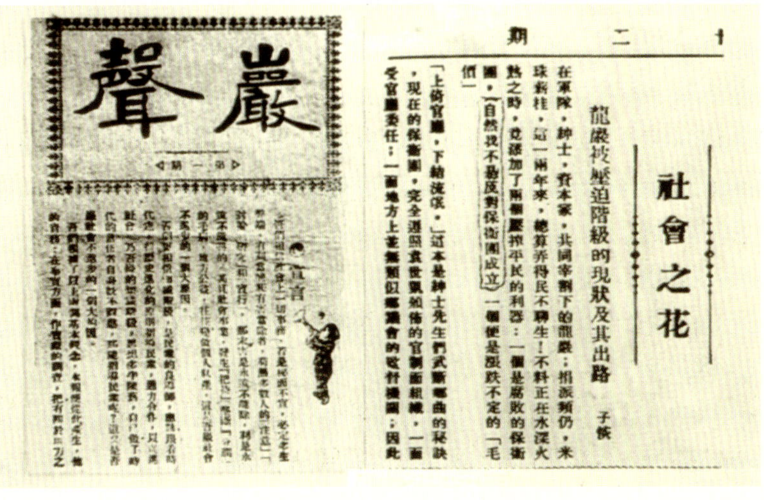

巖聲

第一期

十二期

社會之花

龍巖被壓迫階級的現狀及其出路　子帳

在軍隊，紳士，資本家，共同宰割下的龍巖：捐派預仍，米珠薪桂，這一兩年來，總算弄得民不聊生！不料正在水深火熱之時，竟添加了兩重壓抑平民的利器：一個是腐敗的保衛團，(自然找不出反對保衛團成立)一個便是飄跌不定的「毛價」

「上倚官廳，下結流氓，」這本是紳士先生們武斷鄉曲的秘訣，現在的保衛團，完全遵照貪官汙吏的官制組織，一面受官廳委任；一面地方上靠鄉紳主持議會的收付機關；因此

土地革命时期的《岩声》报

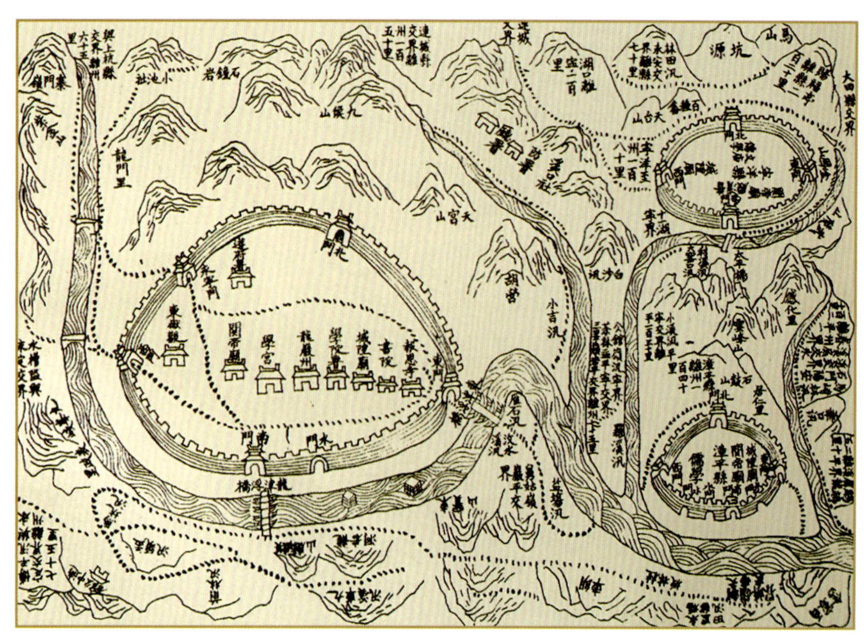

龙岩州属总图

曾定：因为年代的关系，大部分亲历者都已经很老了，有的行动都不方便，以后要采取什么方式和这些人进一步联络，还需要再商榷一下。我们先把一些基本的框架、骨架建立起来，然后再请他们补遗，每个人请他们都补充一点。昨天我和我们的副校长辜联昆联系过了，他本来也想来。后来他说，如果是要跟全体当时的人联系开座谈会的话，最好由校办出面会更好一些。下次举办座谈会前，先明确一下，邀请哪些人来、这些人能提供哪些方面的信息。还要考虑他的身体情况，有些人话都说不清楚，那来就是另外一种作用，提供一个现在还健在的亲历者合影。工学院那边我确实不熟悉，鸿庆会熟悉点。

林鸿庆：我是理学院的，不是工学院的。所以那边的具体情况我也不太清楚。情况是这样：1950年的时候，理、工学院疏散去龙岩的事情，我看到陈烈岩同学写的信，他可能是本地人，是50年入学的，对当地的情况很熟悉，当时师生住的什么楼，房东叫什么名字，他都能说得上来。

曾定：我也不认识这位同学，寄了个他的材料来给我。

林鸿庆：但是他写得很清楚，所有的事情，而且都还是真实的，这很不容易。

符维健：当时林老师是在白土?

林鸿庆：对，当时我们三个（林、梁、曾）都在白土。我们不是在工学院。

符维健：你是在城里?

林鸿庆：理学院在白土，工学院在城南。城南、白土两个地方联系很少，因为学科也不一样。我印象中只有一次还是两次去城南开什么会，不然城南我们都没去过。他们工学院很少来我们理学院这边，同学之间没有联系。理学院和工学院共组织一个团总支，理学院的团支部和工学院的团支部分开活动，从来没有一起开过会。可能教师和行政人员会有联系，和龙岩当地的地青委（当时不叫团委，叫地青委）会有联系。但是两个学院是独立的，没什么来往。当时我们迁移情况是这样，分两套班子，教职工、仪器设备，这个是由学校管的，当时校长是王亚南，但是具体操作的人是章振乾。还有理学院是卢嘉锡，工学院是黄苍林，他这边讲

龙岩州本境图

朱家炘是不对的。黄苍林在1951年去世了，由工学院的教职工负责。理学院这边是张松踪，他当时具体是什么职位我不知道，相当于现在的办公室主任，是由他来负责的。当时我是三年级的学生，对这部分也不太清楚。学生部分是这样：由学生会负责，当时学生是走路去的。我是在学生会工作，当时叫学生自治会，还不叫学生会，我是第四届学生自治会的。当时带队去龙岩的，是学生自治会的副主席，当时叫副理事长，海洋系的江德藩，他不是党员的身份，但是那时候不叫党员，叫城工部成员。由他带队，组织了一大堆同学，我也在其中，组织了个接待站。接待站分两类，一类是管住宿的，一类是管中午吃饭的。晚上住宿的事情比较麻烦，中午吃饭比较简单，没有住宿那么麻烦。我们几个打前站的，江德藩还有我，海洋系、生物系几个同学，当时很有趣，我们弄了个牛车坐。当时和溪是一个大站，龙山是个大站，适中也是个大站，这部分同学负责的工作比较麻烦。当时同学的行李就交给学生会，由汽车载到漳州。汽车第二个住宿地点是和溪，同学走到那边就打开睡觉。第二天再继续行军，在那边负责住宿的同学再把行李捆扎起来，然后再用车送到下一站，如此往复，直至白土，这个比较辛苦点。负责中午吃饭的就比较简单。整个过程，同学基本上都是走路的，又是下雨天。男女同学还有一边走路一边谈恋爱的，还真有谈成一两对的。整个过程大概走了三天，不算从厦门到漳州。陈烈岩说坂寮岭好像路很险，但是其实没有，其实我们走的都是马路。坂寮岭有条山沟沟的小路，但是大队人马没有走那条路，大队人马走的是汽车走的大马路。走路当然很辛苦，但是路况还是可以的。到了龙岩以后，我们几个打前站的住在东肖中学，当时叫溪兜中学，然后再联系分配住宿地点。这一点我倒是很感谢白土的老百姓和区政府，对我们很支持。我们提出什么要求他们基本上都满足了，很热情。当时那边条件很艰苦，没有电灯没有床铺，用水也不方便，当地尽量满足我们的要求。住宿的地点分配基本上如陈烈岩写的。

1952年离开白土以后，我和其他一些当时的亲历者很长一段时间都有回去看看的念头。2007年，当时的校友总会联络部长石慧霞知道此事，由丁马太联系龙岩学院的院长，当时是我们教育研究院的一个老师兼的，专门开车接我们到龙岩学院去，然后带我们去白土参观了好几个小时。故地重游当然很好，但我们几个同行者的一致感觉是：当年的旧址保护得太差了，白土变化太大了，很难找到当年的影子。我们印象最深的是罗陈宗祠，当时是理学院办公和上课的地方，已经破烂不堪了。原来在白土区政府的背后，变成一个卫生院，卫生院也破破烂烂的，而且罗陈宗祠也一副快倒了的样子。所以我感觉到有点伤心，和我希望看到的不一样。另外我们到罗陈宗祠铁山庙去看，铁山庙前面的戏台还在。但是铁山庙已经被拆掉了，变成了区政府还是镇政府，隔壁是邓子恢的纪念馆，也整个都改观了。再过去的列宁小学也找不到了，变化太大了。

符维健：现在那边叫做中心小学。

林鸿庆：原来“文化大革命”时期叫列宁小学，那都是平房。

符维健：就是说桐冈书院是吧?

林鸿庆：在铁山庙背后的山坡上再上去，另外那个红场啊，好像也没保护好，连戏台都不大像样了。红场的面积也缩水很多。

符维健：隔壁的烈士纪念碑保留了一小块，其他变成了绿地。

林鸿庆：另外呢，我们也去参观原来我们住过的地方，乐怡堂。乐怡堂还可以，但是和我们当时的情形也不一样了，乐怡堂本来是个三进的平房，后来第二进加盖了二楼。另外呢，“艺丰楼”就是当时单身教职工住的，这个我们没有进去。但是艺丰楼旁边，海洋系宿舍好像也破烂不堪，我们找了很久都找不到，后来进去的时候都认不出来了。

曾定：海洋系的地方我们还进去拍照了。

林鸿庆：对，对，但是已经不能住人了。就是红场那边下来的，我感觉就是厦大在白土住过的房子能够保存得好的，好像基本上没有了，很多只剩下一个框框。只剩下乐怡堂还有人住，乐怡堂盖成二楼。当时一些教师的宿舍，因为都是在老乡家里分散住，我们2007年去的时候就没有去看了。当然如果有可能的话，我还是希望能把罗陈宗祠给保存下来。罗陈宗祠已经塌掉一半了，人都走不进去了。

曾定：他这个没有作为县级文保单位就没有人去管。后来改成卫生院，卫生院后来又搬走了。五六十年就变成了破房子。

符维健：当地政府对革命遗址之类的都是有选择地保留，没法全部保留。因为有些是农民的房子，产权在他们手上。

曾定：当时教职工住的都是私人房子，学生都住在庙里、祠堂等公共场所。

林鸿庆：数理系和生物学系同学都住在乐怡堂，房子当时都很不错的，给我们住的房子安排得不错。女同学都安排住在溪兜中学的仓库，开始住的是平房，后来也有二层楼。教师也住得很不错的，像我们系的李文清老师啊，就住在溪兜仓库背后，从县城到白土的路口那个山坡上，也是一个小洋房，那是华侨的房子。“艺丰楼”也是一个很新的华侨房子，整栋除一个老太婆和她媳妇外，其余都给教职工住了。当时女教师比较少，住在学生食

堂隔邻的一户人家的二楼上。当时给我一个印象，白土虽然是个山区，但是教会活动也不少。印象中没有教堂，就是在家庭传教。

曾定：当时没有教堂。

林鸿庆：当时龙岩县城大街进去旁边一条小路拐进去有个教堂，当时那个教堂二层楼盖得不小。

曾定：那个九一路现在还在。

林鸿庆：1951年暑假的时候，龙岩地委委托我们厦大理工学院团总支，办了一期的培训班，由厦大的教师和学生团干部在礼拜堂培训。培训的是什么人呢？就是龙岩地区各个高中、初中一些学生团干部。整个交给厦大理工学院团总支办，但是龙岩地区委派了一个上杭的团干部，这个人不知道还在不在，一个女干部，叫邓铿。当时是二十几岁吧？如果还在的话也是八十几岁不到九十岁。她一个人来协助，其余都是交给我们厦大来办。这个培训班里有个长汀一中高一的学生，叫张浚生，这个人在20世纪八九十年代是我国驻香港新华社的副社长。后来90年代回来还在浙江大学当党委书记。1989年厦大68周年校庆的时候，我应邀到香港参加厦大校友会的庆祝活动，我已经忘记张浚生了，他突然冒出来说我是他的老师。我当时感觉很奇怪，我不记得有这个学生，但是他很客气。后来他说，他是参加1951年在龙岩团干部培训班的。所以当时大家也很奇怪，他这么一个大人物怎么会认我这个小老百姓当老师。后来1991年厦大校庆的时候，他还来厦大参加我们的校庆，1994、1995年的时候他就在浙大当党委书记，现在估计都退休了。

记得那个教堂还蛮漂亮的，小小的，两层楼。现在大概还在吧？

符维健：对，新盖了。

闽西革命时期的邓子恢

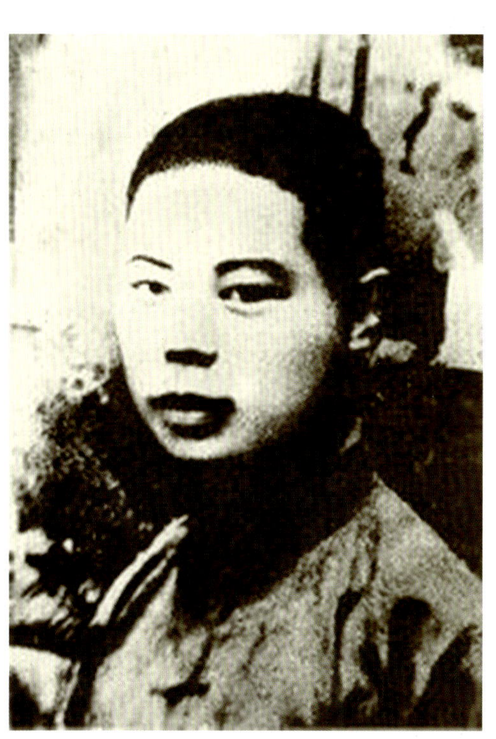
闽西革命时期的郭滴人

后田暴动旧址——火星祠堂

邓子恢故居隆德堂

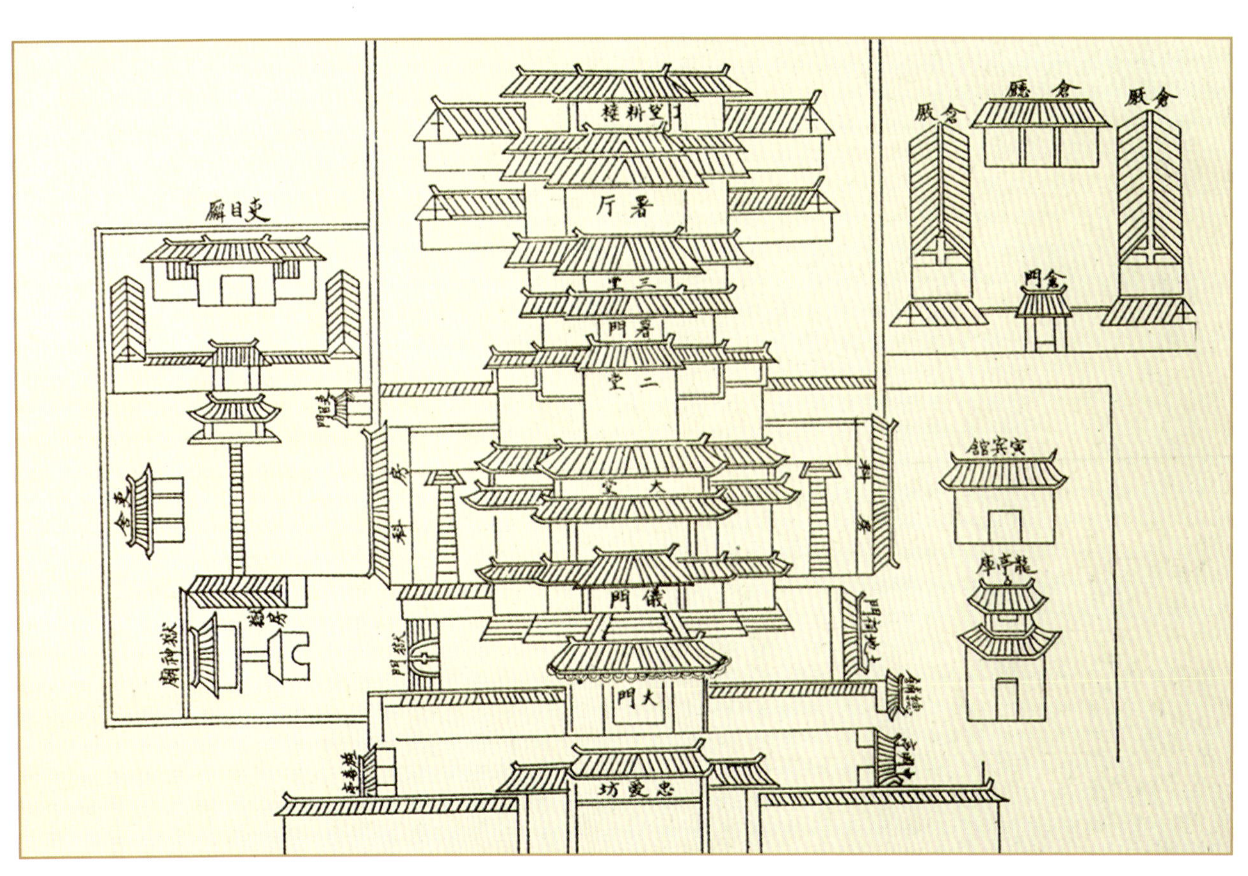

龙岩州公署图

林鸿庆：不会新盖吧，五十年前是新盖的。

符维健：后来又翻新了。

林鸿庆：当时我们看《白毛女》，都是提早吃饭，然后走一个小时到电影院去，看完电影再走回来。当时都是靠走路的，没有自行车，买不起。当时也没有公交车，所以我们有什么事情到城里，也都是走路的。

曾定：我们集体去看了两次电影，从白土到城里。

林鸿庆：对，离礼拜堂不会太远。当时区委很热情，还组织做慰问演出《刘胡兰》，那时候还有个活动就是厦大组织演出抗美援朝的话剧。另外当时还有个事情，就是1951年暑假志愿军代表回国，到白土去做了报告。（对梁筠莲说：当时你回漳州去了，暑假。）当地为了此事特地把到东肖中学的路都拓宽了。

符维健：当时主要就是抗美援朝。

林鸿庆：当时还有几个事件，第一个事件就是发动捐献，有的老教授将自己的结婚戒指都捐掉了。另外还有就是厦大有两个同学去参干，就是叶雪音和童鸿模，其实1950年底厦大就有组织去参干，1951年暑假的时候，生物系两个同学就去参干。

曾定：好像在厦门的时候就去参干了。

林鸿庆：他们好像有到白土去吧？

曾定：有没有到白土去我不清楚，但是他们在厦门就有说要去了，当时还拍了张合照欢送他们。

符维健：当时卢嘉锡的孩子都报名了，参加志愿军这些。

林鸿庆：现在有去过白土的教师也还有好几位，大部分都八十多、九十多了。

符维健：我们现在了解的大部分也都是白土的。

俯瞰东肖“洋楼”

东肖“艺丰楼”大门

东肖“艺丰楼”

林鸿庆：一部分在城南的，我联系了很多同学，现在好几个都在厦门。

曾定：那你把这些人提供出来，到时候再取得联系。

林鸿庆：可以。厦大校庆他们都还来参加活动，土木系的。这个有去过白土的老师，有个洪敦枢老师在前埔，其他工学院的老师就没有联系了。

曾定：我这边是没有联系，你那边有没有？

林鸿庆：我这边也没有，因为整个院系都调整掉了。厦大复办土木系和建筑系，洪老师又从福州大学回来。1952届的同学在厦门好几个，要的时候可以再邀请他们出来。

曾定：现在就是要找当时在工学院呆过的学生和老师，因为白土和龙岩城区两个没什么联系。要么就是个别人到龙岩城区办什么事情，要么就是私人之间的联系。

符维健：工学院具体在什么地方，现在好像都不太肯定，你讲城南，那到底在城南哪个位置？

林鸿庆：这个我来找当时工学院的同学。

符维健：当时他们讲城南工学院在抗美援朝的时候，捐献了七千多元。当时厦大有个老师叫潘懋元，他们捐献的是结婚戒指。还有些老师家属利用周二、周四、周六来做些饼义卖，支援抗美援朝。

林鸿庆：当时主要是支持抗美援朝的活动。不像1950年在厦大，有土改、镇反之类的，另外一个活动就是到后田村找烈属和革命老人。

符维健：我想问下，当时据说理学院和工学院器材不一样，当时工学院器材比较多，都放在城里。理学院会不会是因为仪器这些比较简单？

林鸿庆：我当时念的是数理系数学组，实验课没什么，已经上完了。但是数理系物理组和化学系实验比较多，他们条件比较艰苦，当时也没有水管。

曾定：当时比较大的仪器就放在城里头。

符维健：对，当时工学院在城里头一个废弃的医院，后来我们找来找去发现，会不会就是现在的地区医院？

林鸿庆：不，应该这样讲，当时理学院设备就很少，工学院主要就是一些车床、机床。至于理学院的设备，和现在根本不能比。

曾定：当时我们生物系动物组的张松踪教授，负责搬运仪器设备，他在我们生物馆的地下室那边装箱，我去那边帮过忙。当时理学院安置在白土，可能和当时的一个白土中学老师林硕田很有关系，他在理学院搬到白土的过程中出了很大力气。当时白土的教职工基本都分散住在民房。

林鸿庆：教师都是分散住的，只有单身男教工集中住在“艺丰楼”那栋小洋房里头。当时厦大仪器很落后，整个理学院就在现在的囊萤楼，两层半，里面算起来没有三四十间房间，没有多少仪器可以摆。另外国民党遗留下来的仪器是非常差的，当时基本的仪器都要去国外买，国内没有生产。

符维健：但是，我们当地许多孩子看了你们的仪器就大开眼界，很多就对化学开始感兴趣。有两个老同志就写回忆文章，说自己会对化学产生兴趣，和当时厦大在白土有很大关系。

林鸿庆：当时厦大在铁山庙，做了个科普宣传。

符维健：还有很多老师去中学里兼课，有没有？其中一个老先生也是厦大的，她回忆，当时有个厦大的老师对她很好，姓冯。

林鸿庆：这个我是不清楚，我印象中当时厦大老师没有去哪个中学教课的。但是我猜测有没有可能当时哪些同学为了解决经济困难，跑去中学教课。这倒有可能。

符维健：当时没有半工半读吧，会不会是当时老师不够？

林鸿庆：当时我读大学的时候呢，有些同学跑出去当家庭教师，利用课余时间赚点钱。这种情况在厦门就有了。

曾定：龙岩那时候有委托办个夜校，我就和其他人一起去兼课，但都是义务的。当时是这样，叫数理系，不叫数学系，也不叫物理系。生物、数理、化学还有海洋系，航海系在哪我没有印象。

林鸿庆：和海洋系在一起。

曾定：在白土这里，不在城南是吗?

林鸿庆：当时我们学校在艺丰楼旁边找了个楼。当时的学生很少，乐怡堂一共18个房间，三进，前、中、后。数理、生物两个系的男同学都住在那儿。

曾定：你那边没有住满，我生物系这里都住满了。

林鸿庆：一共18个房间，每个房间6个同学差不多了。整个数理系男同学大概就三四十个左右。

曾定：理学院的学生一共才两百多点。

林鸿庆：我们2007年再去龙岩的时候，龙岩哪个单位呢，叫我们去找，说那边是不是陈景润住过的房子。

曾定：陈景润住过的房子？就在我房间的旁边嘛。

乐怡堂，原为生物系和数理系男生宿舍

林鸿庆：他们说的是工作室之类的。我说这是不可能的，陈景润现在名气很大，但是在白土的时候他只是个一年级下学期、二年级上学期（“一下二上”）的普通学生，所以不可能有一个专门的工作室、办公的地点之类的。你就说我们院士当然很多，田昭武也是，张乾二也是，当时在白土他们也没有专门的工作室，不可能有。

符维健：就说当时在东肖待过，后来出来的院士总共有四个吧?

林鸿庆：卢嘉锡、肖培根、田昭武、张乾二、陈景润。

符维健：我们当时有个当地的学生后来也成为院士了。

曾定：林鹏。

符维健：对，他也是那个时候被招进去的。

林鸿庆：肖培根算是工程院院士，他是中国医学科学院药物研究所的。当时的学生有四个，张乾二也是学生，张乾二是在白土毕业的，还有肖培根是1952年毕业的。林鹏是1951年在白土入学，陈景润是在那念一下二上。工学院那边也有个院士，叫阙端麟，是机电系的，他是1951年毕业的，后来院系调整后在浙江大学。在那儿待过的院士有7个。卢嘉锡当时就有院士的水平，只是没有评而已。

曾定：当时陈景润住在乐怡堂右手边进去的第一间，他那边有三个人住，都是福州人，排球打得很好。我是左边第一间，他是右边第一间。当时我们去食堂吃饭要经过一段田埂，陈景润有时候边走边看书，会不小心踩到田里去。他把书撕下来，一页页看，看完扔掉。他有很多孤僻的地方，早上起来不刷牙洗脸，大家都嘲笑他。

林鸿庆：陈景润的怪，我有另外一个看法。你说他邋遢，实际上也不完全是这个样子。当时陈景润也只是一个小青年，没有独立生活能力，所以自己也不会洗衣服，生活不能自理。现在学生当然很舒服，可以快件寄回家，有洗衣机。当时都是自己洗，他也不会洗，他的衣服都臭得要死。他洗衣服是这样：脱下来后浸到水里，然后拿起来抖抖再晾出去。

曾定：当时在红场那还枪毙过人。

林鸿庆：1951年暑假，在铁山庙批斗某人，然后一直押到红场，我刚好路过，看见那个人还没跪下去就一枪从头上打下去了。

曾定：当时没有电灯，乐怡堂只有一盏汽灯，东肖中学大礼堂有一盏。大部分人去大礼堂那儿实习，还有人晚上回来说看见老虎的眼睛。

符维健：是，东肖当时是有老虎的。

林鸿庆：当时传说有老虎，好多人都说见过，但是我从来没见过。

曾定：那时候自习到很晚，然后宿舍没有电灯，只有一小根蜡烛。

林鸿庆：图书阅览室就在大礼堂里面，大家都在那儿自修。教室分散开来。

曾定：我们生物系实验室和教室都在山坡上，上完课就下来课外活动。

林鸿庆：白天没课的时候可以自己去找地方自修，但是晚上基本上就是在大礼堂。晚上到罗陈宗祠，一个路太远，另外一个太暗，路不好走，所以基本上都在离宿舍比较近的东肖中学大礼堂。当时搬去的时候没讲要去多久，反正学校说要去就去，学校说回来就回来。

符维健：和当地群众的关系怎样?

曾定：联系不多，除了房东。当时学习任务也很重。

符维健：你们去了之后，菜都很好卖。

曾定：当时是五天一墟。

林鸿庆：我们和老乡联系很少，但是我们毕竟住在老乡房子里，周围都是老乡。当时我们也有展开文体活动，跳那个交谊舞。老乡感觉很奇怪，男女抱在一起跳舞。菜市场给我们印象很好，东西便宜。有时候我们去那儿改善生活，在那儿吃得太好了，里面很多种菜，也有炉灶。我们当时没什么钱，一两个月凑起来改善下，买点面、肉、菜，租个炉子，几个人一起炒面吃。当时菜市场很灵活，连炉灶都可以提供，在别的地方再没见过。那边笋很多，同学伙食基本上都是笋煮肉，龙岩的美食也主要是笋丝肉丝汤。另外就是粗米粉，一碗八分钱。我们刚开始去没有伙食，我们打前站的只好去小店吃米粉。

罗陈宗祠的正门

符维健：后来再去的时候还有没有去吃龙岩清汤粉?

林鸿庆：没有，我记得龙岩的米粉汤和麦芽糖特别好吃。

曾定：当时物价便宜，一毛钱可以买三个鸭蛋，都是赶墟的时候去买。原来乐怡堂边上住了个老太婆，有煤炉，我们都委托她帮忙煮。

林鸿庆：当时是这样，一毛钱三个鸭蛋，但是如果你用油煎，就是一个五分钱。当时钱很大，一个月伙食费八九块就够了。

曾定：没有啦，三四块钱就够了，因为当时奖学金才三块钱。

林鸿庆： 像1952年毕业的这些同学，我们以前每个月聚会一次，他们都会来。我家有几张土木系同学跳舞的照片，但是不是在白土的就不知道了。他们从太原刚寄来，他们要我转寄给档案馆，我还没来得及寄。我们当时都是穷学生，没法拍照，也没办法洗照片，那都很花钱的。你们要找照片这些，都是找当时的一些留过洋的教授，像卢嘉锡肯定有照片。像田昭武有没有照片我也不知道，但是我们这些穷学生基本上是没有的。由于同学表现很好，理、工学院艰苦朴素的作风在厦大引起了很大震动。厦大组织文科商学院的同学讨论了很久，为什么理工学院师生可以这么吃苦耐劳？关于这些讨论，你可以在厦大当时的校报《新厦大》看见。连王校长的动员报告都有，用理、工学院的表现来教育文科同学。

曾定： 厦大档案馆有没有新中国成立以来录取的名单？

林鸿庆： 我们不是印了一本学生名册吗？不但有这个，连新中国成立初院系调整的名单都有。当时华东教育部的文件、福建省教育厅的文件都有，包括本校录取的。

曾定： 我考取厦大的时候，录取通知登在《福建日报》上。厦大1950年录取每个人的名单，我不记得有没有工学院的，理学院的名单，我自己有一份。

林鸿庆： 录取通知书当然有，学校给个人发了通知书，凭那个入学报到。大概八九月份。

曾定： 我是新中国成立后第一批入学的，大概1949年末1950年初才入学。

林鸿庆： 新中国成立初就是这样，全国统招的全部登在报纸上，你去查当时报纸。全国报纸都有的，连《人民日报》都有的。

曾定： 我把与此信息有关的报纸剪下来，如果有兴趣可以联系我。

林鸿庆： 新中国成立前也是这样登的，比如我在广州考厦门大学，广州的报纸，就登在这个考点厦大录取了哪些人，不是整个厦大新生都登。1952年全国报纸就登了所有录取名单，几万人，当时我们替兄弟姐妹找，找得眼睛都花了，报纸密密麻麻的。

曾定： 你是哪一年？

林鸿庆： 我是1948年在广州报考的。1948年广州录取了50个，它就登这50个是谁谁谁。

（谢静根据录音整理，经林鸿庆教授审定）

承德堂门前留影

左起：丁马太、现房东、李复雪、陈奕培、曾定、梁筠莲、林鸿庆、房东家小孩、黄启巽

那久远的不会淡忘的时光

| 丁马太

在厦大校友总会、特别是王巧萍秘书长、郑冰冰副秘书长的热忱支持和精心安排下，2007年七月中旬，本人得以协助校友总会联络部石慧霞部长陪同陈奕培、曾定、李复雪、黄启巽、林鸿庆、梁筠莲等6位老教授前往龙岩新罗区东肖镇寻访当年厦大理学院内迁这里办学的旧址。这里原名白土，是著名革命先辈邓子恢的故乡，也是土地革命时期著名“白土暴动”的所在地。抗美援朝初期，蒋介石为配合朝鲜战场上的美帝国主义侵略军，蠢蠢欲动，妄图“反攻”大陆，挑起另一场战火。为了避免战争一旦爆发可能带来的损失，厦大理学院在院长卢嘉锡的带领下，内迁到龙岩白土（与此同时，厦大工学院也内迁到龙岩溪南）。陈奕培当时是理学院的教务长，曾定等其余5人则是本科生。阔别半个多世纪了，要寻找当年那些分散在不同山村、曾经被借用作为教室、实验室、学生宿舍、食堂和教师及其家属宿舍的古老建筑物确非易事。尤其是改革开放以来，农村建设有了较大发展。我们此行得到龙岩学院的大力支持：校党委书记李金莲研究员、校长李泽彧教授一天之内两度宴请，办公室曾兵主任全程陪同并为大家安排午间休息标准客房。东肖中学校长、东肖小学校长以及诸多东肖乡亲热忱指引，主动带路。加之老教授们的执着、不辞辛劳，尤其是曾经中风、腿脚不大方便的陈奕培教授顶着盛夏烈日，与大家一道奋力步行穿梭于田间地头。这些是我们在短短的一天取得丰硕收获的基本保证。

龙岩建峰阁

在这次办学旧址的寻访中，我仅是一位陪同人员（尽管校友总会打印的寻访团组成人员名单封我为“领队”），但也颇有感触、颇有心得。

其一，厦大理学院内迁龙岩白土办学，虽然只是1951年3月到1952年2月一个学年，时间并不长。但是，这一年厦大理学院师生所谱写的是厦大“自强不息”光辉史册上不可或缺的、令人引以为豪的、诗一样的篇章。时值新中国成立初期，在如此偏僻的小山村，厦大理学院数理系、化学系、生物系、海洋系四个系200多名师生生活、学习所需用房，只能是借用当地乡亲临时腾出来的农舍，极其简陋、分散，其不便可想而知。然而从这里却走出中科院院士卢嘉锡、田昭武、张乾二、陈景润和工程院院士肖培根、林鹏。尤其是林鹏，厦大理学院的内迁改变了他一生的轨迹。据说，当时他是一个挑着担子走街串巷叫卖食盐的小商贩。大学办到了家门口，让他得到上大学这一难得机会。还有厦大数学系老主任林鸿庆、物理系老主任黄启圣、生物系老主任曾定等一批骨干教授，也是这个时期的学生。厦大办学史如果漏掉这一页，便是不完整的。

其二，厦大理学院得以顺利搬迁白土，有一位老前辈功不可没。他就是林硕田先生。林硕田，1911年12月出生于菲律宾，16岁归国，就读于集美中学，1935年至1939年就读于厦大化学系，于是和卢嘉锡、蔡启瑞两位化学大师结下中学、大学的同窗之谊。大学毕业后，他便到龙岩工作。林先生祖籍漳州龙海，到龙岩工作另有原因。原来在集美中学读书时，聪颖多才的林先生便赢得同班同学张尚莲小姐的芳心并彼此许诺终身。张小姐系龙岩白土名门闺秀，美丽贤惠，集美中学毕业后也就读于厦大。张尚莲的大哥张景松早年留学日本，日本发动侵华战争，犯下滔天罪行，激起他的爱国义愤之心，毅然归来，曾任龙岩商会会长，并寄希望于教育救国，热心于教育事业，在自己的家乡白土创办了溪兜小学、溪兜中学（现东肖小学、东肖中学的前身）。林硕田先生大学毕业先在长汀担任两年五星团第五团的理化教官后，在溪兜中学创办时，便也到溪兜中学任教，并担任教导主任。抗日战争时期，厦大内迁长汀，其时在长汀任理化教官的林先生及其任龙岩商会会长的内兄张景松先生都出了很大的力，做出宝贵的贡献。

因此，当厦大理学院酝酿内迁时，时任理学院院长的卢嘉锡以及担任理学院内迁总指挥的张松踪，自然而然地想起了正在龙岩白土溪兜中学任教导主任的林硕田先生。（顺便说明一下：祖籍南安的张松踪也是菲律宾归侨，也先后就读于集美中学、厦门大学，是林硕田至为知心的挚友。张松踪教授曾因培育“金定鸭”这一优良品种而知名，更因率直、坦诚而广受敬重。）时值新中国成立初期，百废待兴，不难想象，要在山村中解决理学院四个系200多名师生生活、教学用房，其难度有多大。为此，林先生付出多少汗水、多少辛劳，绞尽多少脑汁。更不要说四个系200多名师生在此办学，除了房子，还有很多事务需要林先生协助解决。然而他不负众望，在厦大师生到来之前，便已把一切安排得井井有条。因此，书写厦大这段内迁

民国时期的龙岩孔庙

史的时候，为此立下首功的林硕田先生不应该被遗漏。淡忘林先生的功劳，这段历史也是不完整的。正是感激林硕田先生这一时期从各方面的帮助，在厦大理学院回迁厦门时，卢嘉锡院长便力邀他来厦大化学系任教。

本人1979年来到厦大工作，有幸在林硕田先生退休之前与之共事数年。林先生为人十分低调，工作却十分严谨、执着，待人也非常诚恳、亲切。尽管由于种种原因，林先生退休时仅是副教授，但就我与林先生的接触以及对他的了解，林先生的学识绝不亚于许多教授。而他那淡泊名利、乐于提携后生的高风亮节，则是许许多多教授学习的榜样。在林先生退休之后，曾有一次可以补申报教授的机会，但当我把这一讯息告诉他的时候，他却认为，职数那么紧，还是应当把机会让给在职的其他教师。林先生于2001年2月安然逝去，享年90岁。他的高寿或许是上天给他的一种补偿，或许是他胸襟宽广，与世无争的必然结果。

2007年9月15日于海滨东区

在龙岩白土，我接受了很好的教育和锻炼

| 李复雪

1950年秋，朝鲜战争爆发，美国派第七舰队侵占台湾海峡，形势紧张。1951年3月，厦大理、工两学院奉命内迁龙岩，理学院在龙岩白土镇、工学院在城郊溪南上课。

当时组织上安排我和一位同学乘货车，押运图书、仪器设备。我们从厦门第一码头乘船，傍晚到达漳州。因白天开车，担心蒋介石的飞机来轰炸、扫射，当天晚上我们吃过晚饭，立即随载运图书、仪器设备的货车出发。当时新中国成立不久，担心途中有土匪抢劫，因此整夜提高警惕，不敢睡觉，货车行驶300多公里；破损的旧公路，凹凸不平，货车颠簸很厉害，至翌日下午才到达龙岩。从厦门出发，约30小时没有睡觉，很辛苦。

龙岩白土镇有一块稍平坦的广场，新中国成立前是红军和游击队操练或召开大会、批斗地主恶霸、镇压反革命的场所，称为“红场”。我们理学院开学不久，刚好开始土地改革，当地人民政府，有时在红场上召开大会批斗地主恶霸、镇压反革命。没有上课的时候，许多师生跑去参加斗争大会，听贫下中农对地主、恶霸的控诉和人民政府的宣判，接受活生生的阶级教育。

龙岩白土镇有一个后田村，前国务院副总理邓子恢同志，早年在该地任小学教师，进行革命活动，组织农民暴动，建立人民政权。有一天，我们步行十多公里，到这个偏僻的小山村参观和访问，听取了当地农民的介绍，了解老一辈革命家和革命群众为了革命的胜利，艰苦奋斗、流血牺牲的感人事迹，受到很好的革命传统教育。

在白土学习、生活一年，基本上没有什么较大的文娱生活。有一次（星期日）我们走十多里路到

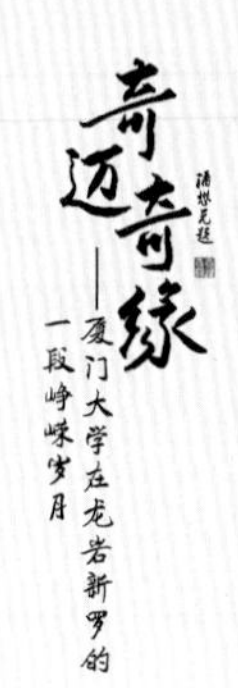

城内电影院（是一间没有窗户的仓库）看电影《白毛女》，由于院内没有窗户，也没有电风扇等设备，非常闷热，大家满头大汗，出来后很累，又走了十多里路返校，肚子很饿。

在白土学习时报纸、杂志很少，又没有收音机和广播，消息比较闭塞。海洋学系要我搞宣传工作，我就在海洋学系门口办一个黑板报，每周一期；报道校、系新闻，也介绍一些报纸上的新闻（如国内各地经济建设和科技讯息等），许多师生经过海洋学系门口，常留步看看黑板报上的消息。

在龙岩白土一年后，1952年春我们搬回厦门上课。我们有组织地集体步行返厦，每天要走50至60里，5天走完300多里弯曲不平的龙岩至厦门公路。

步行出发的前一天天气很热，许多人把棉衣、羊毛衫脱下来，由学校专车运走。想不到第一天傍晚走到适中时，天气突然降温至零摄氏度左右，并飘起细小的雪花。理学院领导知道适中下雪后，立即电告我们停止前进，原地休息一天；并向后方教职工家属借衣服，派专车急送至适中，分发给缺衣御寒的同学。可是衣服大小和颜色不一致，第三天清早，许多同学穿上大小不一、五颜六色的衣服出发，见面时都互相开玩笑。虽然天气很冷，但同学们不怕冷，边走边唱歌："雄赳赳，气昂昂，跨过鸭绿江。保和平，卫祖国，就是保家乡……"，"团结就是力量……"，"起来，不愿做奴隶的人们……冒着敌人的炮火，前进，前进，前进进"，以及《三大纪律八项注意》等革命歌曲。化学系同学唱完，就拉数理系同学唱，数理系同学唱完拉海洋系同学唱，海洋系同学唱完拉生物系同学唱。就这样，沿途轮流唱歌，优美而雄壮的歌声在山谷中回荡。整齐的队伍和雄壮的歌声吸引了村庄和田野中的男女老少，他们惊奇地注视着这些遵守纪律而不穿军装的队伍。胆子大的小朋友还跟着队伍后面跑。七八十岁的老阿婆拄着拐杖好奇地用闽南话问邻居："是不是红军又回来了？"（据说20世纪30年代初红军攻打漳州时也曾经过此地。）

在步行返校途中，我负责海洋系的宣传工作。白天参加步行，注意搜集好人好事和当地风俗习惯等材料；晚饭后，大家很累，早已在铺好稻草的地铺上睡觉了；我和两位同学则借用房东的厨房，在灶前边取暖边讨论当天路上收集的材料，编写并油印成快报。第二天早上出发前发给大家。编完快报常已深夜12时左右。翌早6时多起床，又与大家一起步行，每天大约只睡5至6小时，虽然较累，但当同学们看到快报时，我们心里也很高兴。

当时生活很艰苦，在步行中又要严格遵守队伍的纪律。第一天我们步行到适中时，晚上天空飘着雪花，我们编完快报已深夜，没有热水，就到门口冰冷的水田里洗脚，不敢麻烦房东。

最后一天，我们从漳州乘船到厦门第一码头，王亚南校长等校领导亲自到码头迎接我们。我们又看到了大海，看到了可爱的鹭岛和在厦的老师同学们，心情无比激动，许多同学流下激动的眼泪。大家忘记了疲劳，又从第一码头集队步行回母校。开学后，大家又投入紧张的学习生活和"三反""五反"运动。

在龙岩白土学习、生活一年，我们接受了很好的教育和锻炼，许多同学毕业后在工作岗位不怕苦、不怕累，克服困难，努力工作，发挥了学科带头人的作用。例如生物学系1954届毕业的陈清潮同志，在全国海洋调查中发挥了积极作用。他负责国家重点项目"南沙海区综合调查"时，亲自带队上船，并潜入浅海调查，写出许多论文和调查报告，为我国发展海洋科学做出重大贡献。

回到厦门后，我继续完成最后一个学期的学

新四军二支队出发地——东肖红场旧址

业。学校开展“三反”“五反”运动，安排我与中文系一位同学编辑出版《人民厦大》黑板报（两块黑板），挂在群贤楼下，每周出版一期，配合运动。不久又安排我参加校刊《新厦大》编辑工作。当时中文系万平近同志任主编，我和经济系教师罗郁聪同志等3人，负责编辑第三版（教学版），每周出版一期，配合教学改革。1952年7月我毕业后留校，在海洋生物研究室和生物学系担任科研和教学工作，较忙，但仍兼校刊《新厦大》编辑工作。直到1956年8月，我到山东省青岛市中国科学院海洋研究所进修，才离开校刊工作。50多年来，我带学生进行沿海潮间带生态调查，从辽宁大连市至海南岛，走遍了辽阔海疆，克服许多困难，获得一些成果，这与我在龙岩的艰苦生活和教育是分不开的。

在龙岩，我上学了

| 卢咸池

1950 年夏，朝鲜战争爆发；10 月，中国人民志愿军入朝参战，台湾海峡局势也骤然紧张。1951年春，厦门大学理、工学院转移到龙岩办学。学生们是徒步走到龙岩的。而我们随迁家属受优待，先到漳州石码镇住了一夜，然后乘大篷卡车出发。汽车时而轰鸣、时而呻吟，在盘山公路上颠簸，尘土飞扬。我们小孩子只觉好奇，而母亲晕车，不断呕吐。14岁的哥哥急忙用漱口缸接着，然后揭开篷布倒到车外。

到龙岩后，我们住在白土乡一栋“门”形的两层楼里。我家住进门右手边的二楼，对面是刚留英归来的化学系教授陈国珍（我叫他“国珍叔”），其余还是房东住着。大哥进县中读初三，平时住校，周末才回家。

安顿下来后，妈妈把刚4岁多的我送进了当地学校——龙岩县东肖区中心小学。那时小学春、秋季都能入学，称为“春季班”“秋季班”；不称“年级”，叫”“一册”“二册”……，即现在的“一上”“一下”等；还分初小（一至八册）和高小（九册以上）。国珍叔的两个女儿和我一起进学校。6岁的姐姐重昇（生于福建大田，小名“阿田”）读二册（秋季班），妹妹重昱（生在厦大蜂巢山，小名“阿蜂”）比我还小两个月，和我同读一册（春季班）。我从未进过幼儿园，直接进了小学。

解放初期的龙岩南门浮桥

我和父亲、大哥

记得一册语文第一课课文就三个字：“开学了。”第二课则是：“开学了，我们上学。”每周一上课前要在操场上整队唱歌，当唱到“起来，起来，起来！”的时候，就有一面红旗在旗杆上升起（4岁多的我还不懂这是在“唱国歌”“升国旗”）。我学习很用功，每天回家就趴在桌子上看书、做作业。一次周末，我在家吹肥皂泡玩，然后写字做作业，突然晕倒了。大哥赶紧出去请来医生，开了一些药，还叮嘱我少吹肥皂泡。那时不知道为什么，现在想想也有道理，因为吹泡泡要不断呼出空气，对于年幼体弱的我来说容易造成大脑缺氧。一册读完，该升入二册了（那时叫“升班”），可是期末考完，只有我、重昱和一个本地同学能升班。学校说不办二册了，让我们“跳班”读三册吧。于是我们与她姐姐变成同班了。

我们上学要路过一座小宅院。本地同学告诉我，里面有一个“赛金星”，很可怕。一天放学回家路上，我们从门缝里好奇地向里面张望。可是令我大失所望，只见一个老太太背朝我们在梳头，看不出模样有什么特别。眼看着老太太要转过身来，本地同学拉着我赶紧跑，边跑边朝身后“呸、呸”吐口水。长大后母亲告诉我，“赛金星”是当地的一个巫婆，我这才知道为什么会被说得那么可怕。过了宅院就是田间小路，龙岩冬天很冷，田水结了薄薄一层冰。农村同学带着我从田里捞出大块的薄冰，帮我在上面穿一个小眼，用稻草拴上提起，找一根小木棍，边走边敲。

第一年的小学生活就这样过去了。今天我已完全想不起那些本地孩子的姓名和相貌，但他们是那么友善、懂事，让我这个城里的孩子看到、听到那么多从不知道、从未经历过的，件件往事至今仍记在心中。

随着朝鲜战争僵持在三八线上，台湾海峡形势有所缓和。1952年春天，厦门大学理、工学院师生迁回厦门。

（作者为卢嘉锡次子，北京大学教授）

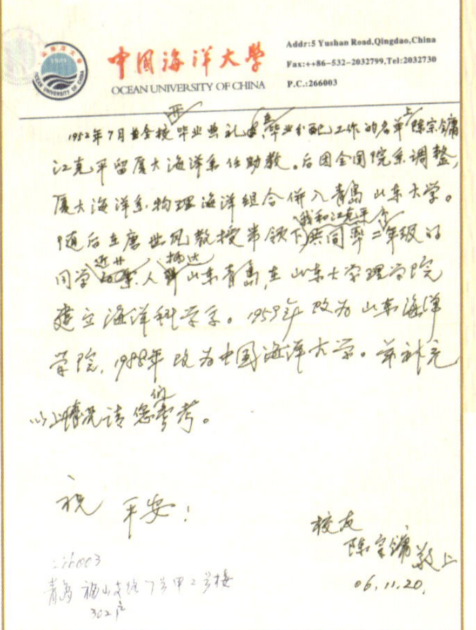

陈宗镛致曾定函

曾定同学：

去母校开海洋系成立60周年系庆，承蒙您与鸿庆来访，并给了您整理的《白土岁月》，感触良多。

回青（岛）后，曾和去过白土的同学汪炳祥通话，他说：“记不清楚了！”

在白土我曾被选为理学院学生自治会主席，也就自然地成为厦大学生自治会副主席之一。为宣传抗美援朝运动，在白土东肖中学礼堂主持召开动员大会。学生会工作重点都听地下党联系人胡玉才指示，完全按照其意旨安排办事（胡玉才现在何处，如有人知道承蒙告诉，十分感谢。我的电话0532—82865194）。

海洋系学生大多学生物系课程，我虽喜爱数理，曾和林鸿庆、陈景润等人听方德植教授的高等数学，教材是一本美国英文的书，也听过理论力学等课，但郑重、金德祥、张松踪、黄厚哲、周楠生……教的有关生物的课，我都取得学分。另有航海专修班等。

1952年7月全校开毕业典礼，在毕业分配工作的名单上，陈宗镛、江克平留厦大海洋系任助教。后因全国院系调整，厦大海洋系物理海洋组合并入青岛山东大学。随后在唐世风教授带领下，我和江克平共同率两个年级的同学近廿人抵达山东青岛，在山东大学理学院建立海洋科学系，1959年改为山东海洋学院，1988年改为中国海洋大学。兹补充以上情况请你们参考。

祝平安！

校友陈宗镛 敬上

2006.11.20

陈奕培致曾定函

曾先生：

读《白土岁月》小册子，与本人有关信息，提供一点实见供参考。

理学院内迁白土期间，我承担三个任务：（一）包揽理学院一年级“微积分”教学工作（包括讲课和批改作业）；（二）卢院长指定要我承担理学院办公室之下的教务工作；（三）协调安排宣传工作的任务。

1.当我发现陈景润交上的作业除了时常用大小不一的纸头外，更特殊的是对每个计算题，只写题目号数和答案。我认为他的作业不符合要求，曾到他住处了解情况，他顿时有点慌张，打开抽屉，抓出一大堆草稿纸，表示他没有抄袭，所有作业都是自己完成的。我当即回答他：“不要紧张，你很用功，相信你绝不会抄袭，但是，每个题目不能只写答案，而在所得答案的计算过程中，关键步骤应该写出来，不要为了节省纸头而全部略去。”往后他改正了。虽然我知道他学习很认真，但是纠正他做作业的表达方式，我认为是我的教学工作应尽责任。

2.有关理学院教务工作一些琐事，甚至课堂上必需的粉笔，时常只好亲自进城，到学校的办事处交报表或领取用品。当时我还不会骑自行车，是自己掏腰包，雇“单车”（自行车后架载人）到城内办事处。

3.时常为协调师生参加宣传工作与保证正常教学工作之间的矛盾而感到左右为难。最后总必须达到理工学院党支部的要求。（具体不便细说）

以上所写内容，并不要求“写进史料”。因为小册子提到我，也讲了一些有关陈景润的事，所以提供一些情况，让你们知道。

顺此问安！

陈奕培启

书写潦草或不妥之处，希见谅是盼。

2008.12.17

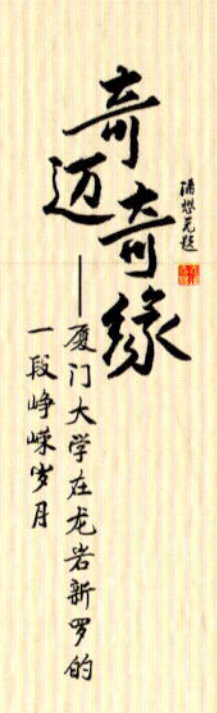

陈烈岩手迹

启巽学友：

您好！

接读了校友们撰写的回忆录《白土岁月》，比较全面、翔实，感到十分亲切。并再次勾起了我对厦大理学院内迁白土的美好恋怀。在此我特表示衷心感谢。

《白土岁月》和我撰写的《厦门大学理学院搬迁白土记》（以下简称《记》），有关借用的校舍个别有少许出入。收到寄来的资料后，我立即去电我白土溪兜的同学张罗请他帮忙进一步核实。他近日已给我回电，现将下列问题澄清和修改：

一、关于理学院办公室的院址问题。白土街东侧、西南侧以及红场西北角洋古塘的陈荣标厝、张春兰厝属东肖镇茉园村（厝）管辖，一百多户人家，绝大部分姓罗陈（简称陈）（我的三妹夫陈柏胜即罗陈人氏），只有一个唯一的宗祠，即白土街东侧的罗陈宗祠，又叫承德堂。就是我们理学院院长办公室和化学系等系的教学场所。你们所写的罗陈宗祠陈德堂有错，理学院搬回母校后，该宗祠改建成东肖卫生院，我父亲是卫生院的医生。

二、师生的宿舍

1.年轻的老师住艺丰楼。即《记》中的张汝整新楼，《记》写乐怡堂，错误，请予纠正。张的家属现都旅居国外或外地，所以你们未能找到。

2.同学们的宿舍。《记》中有错。（1）海洋系和航专应是住红场西北角的陈荣标和张春兰厝（陈是我的挚友，2005年逝世）。（2）数理系、生物系应是住乐怡堂（房东陈玉兰）。（3）化学系住炳柏厝，该厝和七公祠仅一墙之隔，有小门接通。

此外，我还顺便介绍如下几个情况：

1.登载《记》的《龙岩文史资料》系龙岩县（现改称龙岩市新罗区）政协有权威性的定期刊物，每年一期，其主编张仁江，东肖人，是母校中文系的校友，毕业后在该刊物工作，写了不少文章。

2.我是白土本地人，厦大理学院内迁时，我被选为先遣组成员，设站为后继同学安排食宿问题（未做接待站工作），并最先到达白土。到达白土后的一年，我都在白土街家中吃住。所以在写《记》关于师生住宿等事项只能请我初中同班同学溪兜人、住乐怡堂附近的张罗协助修改补充。他也做了不少采访调查，但毕竟不是当事人，所以《记》的个别错误也是难免的。

3.我原是龙泉村人，陈子耕是我的堂祖叔。2001年冬我回故乡探亲时特地去陈家拜访，陈家已改建成多座幽美的小楼群。当时我还去过子耕的儿媳林淑珍承包的龙岩著名风景区、距东肖南十多公里的崇山峻岭中的东肖森林公园游玩。今年国庆我再次去，此公园已让别人承包。

4.林硕田老师是我就读溪兜初中时的教导主任，兼教我们班的代数。他为人忠厚老实，治学严谨，教导有方，是我们全体同学最尊敬的老师之一。1990年冬我回龙岩探亲，顺便去了厦大，他还特地来探望我这中学、大学的学子，使我非常感激。他的长寿使人钦佩，但到90高龄逝世时仍然是一位副教授，未免令人不平、惋惜。

5.郭瑞堂和卢宗兰在溪中兼课是我父亲和我介绍的，当时我父亲是溪中兼职校医。

6.2000年前，天津还未成立龙岩同乡会和厦门大学校友会，我退休来天津定居后，即着手组建同乡会和校友会，经过努力，我已编录了一份同乡会通讯录，近几年有数次聚会。而校友会由于在天津的厦大校友不少，较复杂，很少联系，不易组建，所以现在厦大校友是挂靠在集美校友会，他们聚会时通知我们参加。2003年，在国家海洋技术中心工作的物理系校友编印了一份《厦门大学天津校友通讯录》（部分），有30多人，主要是化学、物理和海洋系的校友。因为我们很少联系，我不太关心，只得作罢。我们化学系20世纪50年代的校友，则由我倡议组织，每1到2年聚会一次，平时也经常电话联系问候，感情十分融洽。近年来，我们已聚会4次，现将2005年聚会的合影，和我在残奥会期间游览奥运公园的相片寄给你们留念。（合影背面附有名单）我建议将我们班健在的同学编一通讯录，有无困难，你多和在厦门的同学商量一下。现我先将所知道的同学的电话通报一下，以便联系。

祝

健康长寿　万事如意

陈烈岩

2008.11.27

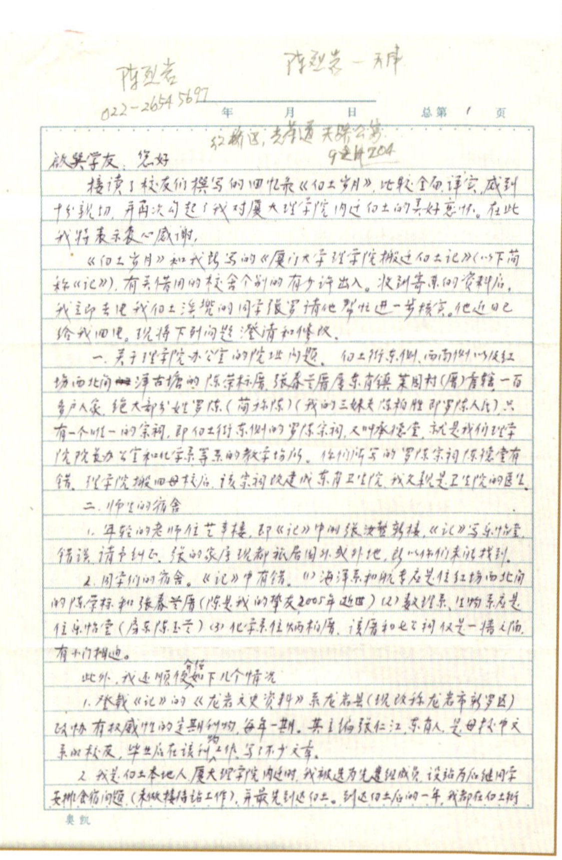

陈烈岩　陈烈岩一天津

022-26545697

年　月　日　总第 1 页

钦樂学友：您好

接读了校友们撰写的回忆录《伯土岁月》，比较全面详实，感到十分亲切，并再次勾起了我对厦大理学院内迁伯土的美好回忆。在此我特表示衷心感谢。

《伯土岁月》和我所写的《厦门大学理学院搬迁伯土记》（以下简称《记》），有关借用的校舍个别的有少许出入。收到寄来的资料后，我立即去电我伯土溪览的同学张[illegible]请他帮忙进一步核实。他近日已给我回电。现将下列问题澄清和修改。

一、关于理学院办公室的院址问题。伯土街东侧、西南侧以及红场西北向洋古塘的陈荣标厝、张春云厝属东肖镇茉园村（厝）管辖，一百多户人家，绝大部分姓罗陈（简称陈）（我的三妹夫陈柏胜即罗陈人氏），只有一个唯一的宗祠，即伯土街东侧的罗陈宗祠，又叫承德堂，就是我们理学院院长办公室和化学系等系的教学场所。你们所写的罗陈宗祠陈德堂有错。理学院搬回母校后，该宗祠改建成东肖卫生院，我父亲就是卫生院的医生。

二、师生的宿舍

1. 年轻的老师住艺[illegible]楼，即《记》中的张汝[illegible]新楼，《记》写成[illegible]错误，请予纠正。张的家属现都旅居国外或外地，所以你们未能找到。

2. 同学们的宿舍。《记》中有错。(1)海洋系和航专应是住红场西北向的陈荣标和张春云厝（陈是我的挚友，2005年逝世）(2)数理系、生物系应是住乐怡堂（房东陈玉云）(3)化学系住炳桂厝，该厝和七宝祠仅是一墙之隔，有小门相通。

此外，我还顺便介绍如下几个情况

1. 登载《记》的《龙岩文史资料》系龙岩县（现改称龙岩市新罗区）政协有权威性的定期刊物，每年一期。其主编张仁江，东肖人，是母校中文系的校友，毕业后在该刊物工作，写了不少文章。

2. 我是伯土本地人，厦大理学院内迁时，我被选为先遣组成员，设站为后继同学安排食宿问题（未做接待站工作），并最先到达伯土。到达伯土后的一年，我都在伯土街

奥凯

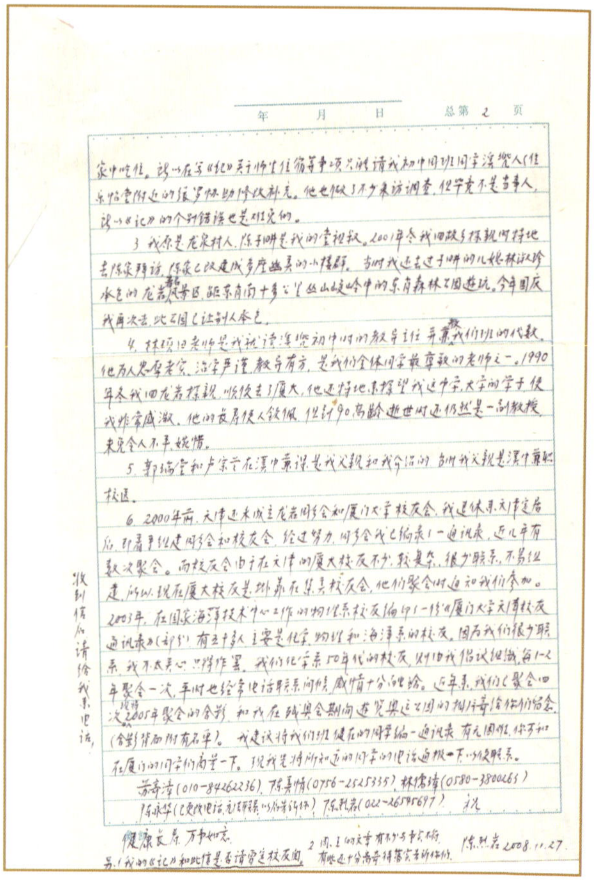

中央慰问团到白土演出

| 尤玉博

打前站

理工科各系出人参加，我和数理系潘成丘及一名化学系同学（龙岩人）三人负责适中至龙岩之间马坑站的中午饭，提前出发，在当地一位大娘（老革命）家，由她帮大家煮饭、烧开水和挑送到马路边的一座空的民房里，没有桌椅，饭菜汤都排在上下厅的地上，开水桶放在大门口两侧。同学分五批，每批好几十人。大米、油、盐、菜等都得到龙岩买，我们就请那位龙岩同学负责买，我们每天得在马路边等待汽车运来，然后卸车，搬运到屋里，再请大娘家的人来挑。由于地点偏僻，物质缺少，我们采用芥菜饭、蛋和肉片紫菜汤的简单菜谱。快到马坑前的一二公里处，我们张贴了路标，马坑站张贴欢迎标语，并标明男女厕所的位置。写标语的纸张、笔、墨和颜料都是事先在厦门购买带去的。

龙岩地区物资展览交流大会

我们刚到龙岩不久，地区召开物资交流大会，各系派同学参加，我去帮助画画、写美术字。在那里我认识了一位龙岩一中的美术老师，会后，他推荐我到溪兜中学兼任美术课老师，每星期2至3节课。

中央慰问团到白土演出

慰问老区人民和厦大师生，谢觉哉任团长，魏金水任副团长，他们两人在红场大舞台上讲话，然后进行文艺演出。

演出话剧《俄罗斯问题》

由理学院的同学邱华萍、方金钏、郑美丽、陈璧辉等人演出，好像是由邱华萍导演的。一晚上对院内师生演出，一晚上对白土人民演出。当时，我帮助画一张大宣传画，张贴在溪兜中学礼堂外的墙壁上，我记得画了一个金黄色头发的主角，似乎是邱华萍。

中央人民政府南方老根据地访问团总团长谢觉哉（举手者）率领访问团到达长汀，受到群众的热烈欢迎

访问团从清代顺治年间建成的古渡口长汀水西渡上岸

东肖那些“洋楼”

——厦门大学在龙岩的岁月

傅翔

第一眼看见这些钢筋水泥民居丛林中的“洋楼”，心里着实被深深地扎了一下。没有保护，没有开发，而且面临着被拆迁的危险。城市扩张的脚步已经隆隆而至，这一片开阔的村庄周围已然高楼林立。我望着这些保存完好的孑然独立的一座座或大或小的洋楼，心中却是说不出的滋味。它们风格不一，古色古香，透着浓浓的异域风情。和谐的青砖，夺目的红墙，西式的骑楼，宽阔的走廊，严实的木窗，精美的拱门，五彩的穹顶，敞亮的阳台……一切似乎都是民国时期的洋房模样。

我真的没有想到，在龙岩这个叫做东肖的小镇，竟然还保存着如此多且如此完好的“洋楼”。更令我意外的是，新中国成立初期的厦门大学一度迁移至此，这些洋楼、深宅大院与庙宇祠堂便成了厦大师生的临时课堂、实验室与宿舍。据说，当年卢嘉锡、陈景润、田昭武、张乾二等7位中科院院士都曾在这里工作和学习，而校长王亚南与理学院的教授们也曾在此留下或深或浅的足迹。

我此行正是为此而来，听说赫赫有名的厦大竟在闽西这个不起眼的村庄驻足办学一年，说实话，

艺丰楼

我是非常兴奋的。我脑海里马上就浮现出无数的难题与场景：这所名校的师生们如何千里迢迢辗转而至？他们又如何扎根于这穷乡僻壤的农舍，如何学习与生活？他们的艰难与困苦，他们的悲伤与苦闷，他们的积极与乐观，他们的欢笑与眼泪，显然已不是今天的我们所能想象的。

按常理，这些经受了时光淘洗的遗迹旧址常常都是风光不再，杳无踪迹。我不曾想到，它们依然风姿绰约，在这个朴素无华的村庄里显得那么端庄，那么亮丽。我在东肖镇宣传委员小邓和向导张景奎老人的带领下，在村庄里七弯八绕了一个下午，依然免不了停下来四处打听与迷路的命运。张景奎老人八十好几，身材瘦高，十分健朗。这位龙岩文化研究会的专家原本就是这个村庄的土著，当年就是在这个小镇的中学上学，并与厦大师生结下了不解之缘。他写过《厦大老师在龙岩》一文回忆当年的这段往事，读来真切动人，感人至深。张景奎老人念念不忘的恩师卢宗兰正是当年厦大的助教，她同时教着小镇中学的化学课。青春靓丽的卢老师带给这些中学生的不仅是视野与学识，更是一种润物无声的对小孩子们的关怀与大爱。所以，当这些“放牛娃”在后面的学习与高考中以优异的成绩不约而同地考入厦大的理学院时，我们才会感叹其中神秘的因缘。

一所名校，一个村庄，就这样结成了刻骨铭心的情缘与无法忘怀的记忆，这种联系绝对远远胜过我们所见的这些古宅留给我们的记忆与想象。正如张景奎老人所回忆的那样，在这个当时叫作“白土”的山村小镇，因为厦大理、工学院师生的到来，寂寞的乡村顿时有了生机，贫困的生活因此有了亮色。榜样的力量是无穷的，特别是那些在当地中学兼职授课的老师，他们的言谈举止与高大的形象便悄悄地走进了这批穷孩子的世界，而他们的品行与学识也因此深深地扎根于学子的心田。厦大师生秉烛夜读，踊跃报名参加志愿军，经常举行文艺演出与体育比赛，还有教授们的演讲……所有这一切对山村里的孩子们来说，都是那么新鲜，那么有吸引力。当然，更不用说他们就和农民生活在一起，早起晚睡，同吃同住，其中的感情又有谁能测透？

时值1951年3月，迫于美军侵朝与对台湾的干涉，以及“一定要解放台湾”的严峻形势，上级决定厦大理学院搬迁到龙岩的白土镇（即东肖），工学院迁至龙岩城区的溪南，文科的院系暂留厦门。由于交通十分不便，汽车奇缺，加上经费不足，师生迁徙只能徒步行军。据记载，当时厦门到龙岩需先乘汽船到漳州的龙海海沧（现归厦门管辖），再沿漳龙公路经南靖、和溪、适中到龙岩，行程约150千米。除教授和少数老、弱、病人乘坐汽车外，其他师生均自携轻便行李，每天步行几十千米。正值初春时节，春寒料峭，淫雨霏霏，山路崎岖，道路泥泞，师生们可谓吃尽了苦头。经过十天左右的艰难行军，理工学院的师生终于胜利到达龙岩白土。

理学院就选址在东肖镇著名的侨乡溪兜村（现为溪连村），除卢嘉锡院长一家6口住在白土街南约两千米的龙泉村（现为联邦村）陈子耕家中外，其他的教授和年轻老师则散居在溪兜村的归侨、侨眷或较宽敞的农民住宅内。其中张潮海楼住的人比较多，有生物系主任汪德耀、海洋系主任郑千里、外籍教授沙鹏等7位教授和家属，张海淇的二铭堂则住着化学系老教授方锡畴等3位教授和家属。其他如声远厝、依德居、张锦江厝、李树章厝、张汝鳌新楼、怡燕堂、岳庐、沐川厝等分别住着系主任和教授、讲师。助教集中住在乐怡堂（张姓宗祠）。学生则分住在七公祠、乐怡堂和菜园村的新兰厝、陈荣标厝，以及原是粮库的三和楼。食堂设在七公祠，理学院院长办公室和化学系教室设在菜园村的承德堂（罗陈宗祠），生物标本室与物理实验室也设在当地的老祠堂内，而一些教室只能临时简易搭盖。

值得一提的是，当年厦大数理系的学生陈景润就住在乐怡堂，因为来到东肖的学生不多，东肖远离城区，地方又小，师生朝夕相处，都建立了非常好的友谊。正是这段时光，陈景润与法国来的数论教授沙鹏结下了深厚的友情，并给时常来理学院检查教学工作的校长王亚南留下了深刻的印象，以至于后面因此改变了命运。而卢嘉锡院长更是与房东陈子耕一家结下深厚的情谊，40多年后，时任全国人大副委员长的他还不忘当年的房东，两次到陈子耕家看望，为其题词，并与当地乡亲叙旧。虽说农村的条件格外艰苦，食宿学习环境也相当简陋，但是，1952年2月下旬，当厦大奉命迁回厦门时，期间又有多少不舍与感人的故事发生在这个小小的村庄。

我们驱车从联邦村的“子耕山庄”到菜园村的罗陈宗祠，又从溪连村张汝鳌的“艺丰楼”到张潮海的“潮海楼”，顺便又看了“五星楼”等洋楼与当地的土楼大院，心中满是激动与遗憾。它们之间相距甚远，有的更是达数千米之遥，我依稀可见当年厦大师生往返穿梭于乡间小路的神情与模样。整整一年，他们让这荒疏的村庄增添了多少文脉书香，多少故事传奇，多少欢声笑语……如今，除了“子耕山庄”拆建过，一些简易校舍也已不复存在，大多数老师住过的民宅依然保存完好。虽然大多数人去楼空，只剩下一两个老人寂寞守候，但那些豪宅大院的风姿仍旧不减当年，只要稍加修缮，必将容光焕发。我感到困惑的是，这些集历史文化、文物文献、古建古村与旅游宣传等诸多价值于一炉的非凡建筑为何这么多年一直“养在深闺人未识”？难道仅仅因为这些洋楼都是20世纪四五十年代建的吗？或是因为厦大走出的这些名人不够分量？

确实，这些华侨本也算不得特别有名，他们的家财也不见得特别显赫，但单单以这些中西合璧、保存完好的洋楼而论，就堪称全省独有，珍稀罕见，自然就更不用说还有这么多名人院士云集于此。东肖人杰地灵，一个“农民总理”邓子恢占去了不少光华，“土地革命之先声”的后田暴动也是彪炳千秋，侨乡更是声名在外，如何更好地依托东肖森林公园这一生态品牌，并充分利用好这些洋楼与古民居，整合好如此优势资源，我想，这应该不只是东肖的事情，更是新罗与龙岩应该立即着手的大事。因为，只有从根本上认识到这些古民居的意义与价值，我们才不会轻易忽略它的存在，更不会因为随意的拆迁而变成历史的罪人。

（傅翔，福州市作家协会副主席，一级作家，文艺评论家）

厦大工学院在龙岩学习生活的岁月

林太珍 黄福仁

1951年抗美援朝期间，厦门处在海防前线，形势紧张，厦门大学理、工学院内迁福建西部龙岩。工学院搬迁的地点在龙岩县城内，理学院“落户”在城外的白土（后称东肖镇）。厦门距龙岩约150多千米，中间需跨海过江经崇山峻岭。当时交通条件差，运输工具短缺，因此西迁时除老师和病弱学生外，大部分学生都需自背简单背包徒步前行。途中设有接待站，日间行走，夜宿接待站，记得是经过5天才到达目的地。这次长途跋涉，在于学习长征精神，让青年学生经受一次艰苦的锻炼。

龙岩是闽西山区的一个小县城，临时要安排我们工学院4个系约有四五百师生、员工生活以及教学的场所，会有很多困难，但当地政府和民众十分热情，给我们尽可能妥善安排。记得当时住宿和课堂主要是借用民房、宗庙祠堂、教会礼堂以及小学校舍等，宿舍食堂和教室比较简陋，且比较分散。我们班的学生宿舍在龙岩溪南一幢土楼的楼上，楼下住的是当地的居民。用作教室的祠堂在溪北的城内，从宿舍到

课堂，要走田埂过浮桥，一段好长的路。食堂是在小学旁搭建的一间临时大木棚，可以遮风避雨。晚上自习的100多人也利用这个棚屋，照明是几盏汽油灯，亮度虽差，但大家仍然济济一堂，埋头读书、做作业。

由于场所限制，总体上生活比较单调，文体活动不多，没有体育课，但学校仍然借用当地中学操场，举办过运动会，记得我班同学得过多项冠军。

1951年4月6日是母校30周年纪念日，工学院的师生也组织了一次纪念活动，自唱自演了一些节目，中午食堂还给同学增添了一小碗红烧肉，是一次意想不到的享受。学校领导很重视政治运动，在宣传抗美援朝的活动中，我们班曾到县城街上演出“打倒李承晚”的街头剧，更有两位同学以实际行动响应党的号召，投笔从戎，报名参加“抗美援朝”，这体现了青年学生的革命热情，丁则文同学实现了参军的志愿。

我们和纪炳炎、丁则文、王枨、朱其彬共同回忆当年的学习和生活。在龙岩学习的两个学期，虽然环境条件简陋、困难，但生活也丰富多彩，对青年学生更是一次难得的锻炼机会，培养了同学们能经受困难和艰难奋斗的精神品质。我们班的同学，大都学有所成，大学毕业后，依据国家需要，服从分配，大家分散在全国各地的企事业单位，大多在机关等部门工作。半个多世纪里，都能努力工作，做出成绩，对国家和社会做出应有的贡献。

共同的情怀 美好的回忆

曾定 等

1950年秋，抗美援朝战争发生，不久台湾海峡形势紧张，1951年3月，厦大理、工两学院奉命内迁龙岩，理学院在龙岩白土镇，工学院在龙岩城郊溪南。1952年2月春节过后搬回厦门。

内迁时张松踪老师是负责理学院搬迁工作的主要领导人。仪器和师生行李用汽车运去，学生则徒步行军前往，从厦门走到龙岩，头尾6天。第一天在厦门第一码头乘船到嵩屿（有的批次可坐船到江东桥附近下船），再步行到漳州，当晚宿于浔源中学；第二天到靖城；第三天到“龙山镇”；第四天到南靖“和溪”；第五天经南靖“坂寮岭”到龙岩“适中”；第六天到达龙岩白土。总共步行300多华里。由于当时个别地方尚未绥靖，经过“坂寮岭”时恐土匪骚扰，我们步行队伍前后均有解放军或民兵护送。

到白土后，男生住在溪兜中学（后改名东肖中学）礼堂，大概住了10多天，才分别搬到各系居住的地方去；女生一到就住在溪兜中学仓库。那一年春天雨特多，前后下了3个多月。

我们徒步行军背了背包或挎包，内放几件换洗的衣服、洗刷用具和碗筷，没人挑行李走的。打前站的人先行，准备住的地方和吃的，并动用部分学生的被子放在各站供御寒遮盖，地上用稻草铺垫，我们行军一到就有得吃和地铺睡。

当时理学院有化学系、数理系、生物系和海洋系，海洋系还有航海专修科；学生总共是两百多人。教工约有50余人。

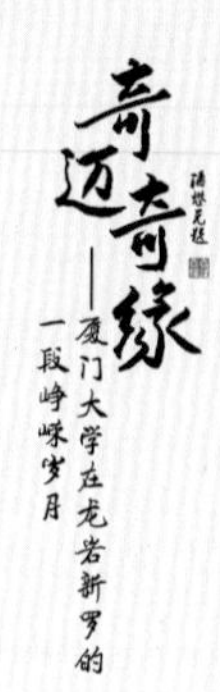

化学系教师有：卢嘉锡、吴思敏、陈国珍、周绍民、潘容华、赵景总、李法西、陈文侃、陈允敦、李博达、田昭武……职工有：陈全、朱木水、王寿楷、方明治……

数理系教师有：方德植、李文清、钟同德、陈奕培、林坚冰、辜联崐、葛孔昌、吴伯僖、何恩典、何铭朝、颜戊己、赵景聪、罗炽才、刘士毅、陈贤镕、洪炳耀、戴锡康、沙鹏……职工有：陈淦贵、林仁昌、赵资成……

海洋系教师有：郑重、唐世凤（夫人王敏）、丘书院、张其永、石延汉……职工有：许久祥、钟保哩……

生物系教师有：汪德耀、金德祥、赵修谦、张松踪、黄厚哲、林汝昌、周楠生、陈瑞羡、翁绳周、郑文莲（何景夏天曾去过，但没在那里教）；职工有：郑德霖、陈博英、罗贡。

此外还有：刘熙钧（政治）、郑道传（政治）、陈金铭（体育）、田春澜（体育）、罗经龙（体育）、吴绍沣（俄语）……

乐怡堂是数理系、生物系男生的宿舍，离罗陈宗祠较远，不是教师宿舍。

生物系住在进门左边一侧，第一排（朝北）第一间住潘星光、陈扬春、曾定、张礼善4人，睡通铺。隔个小天井是第二排，住黄克服、陈宏溪、陈碧辉、曾仕廉、戴荣溪等；肖培根、邱华萍等住第二排最左边一间。张金谈、叶德炽、吴鼎勳、曾沧江等住在第二排朝北的一排或第三排。还有陈宋慎（会拉二胡）、郭仁强、梁天干、郭英祥、王锡书、戴荣溪、陈清朝、曾继绵……

数理系男生住在乐怡堂进门右边一侧，陈景润等住在第一排第一间，林鸿庆和黄启圣住在右侧最后一排的中间一间……宿舍只有木板架在木凳上的通铺，行李放在床下，学习用品放在床上，其他都没有。

乐怡堂大厅中央晚上点一盏汽灯，供大家自修，汽灯由同学自己管理；但很多人到溪兜中学去自修。大门外有一口水井，夏天傍晚不少人打井水淋浴。最困难的是夏天蚊子成群，只好扇子不离手。男生有时把赶墟或上街买回的鸭蛋等食物，拿到乐怡堂左侧小屋老太婆的煤炉上煮；龙岩当地产煤，她的炉火终日不断。

生物系女生住在溪兜中学仓库，进门有天井。进门左边第一间住黄美华、叶希珠，第二间住周秀叶、陈振端、陈贞奋、黄璇英；进门右边第一间住高秋辉、吴超君，第二间住陈燕燕、陈景治；中间一间住的有黄和平、江素菲等；还有陈玉云、戴伦凯、徐凤、方金钏、黄碧州、曾蓉芳、吴熹嘉……大家都睡双架床。

龙岩洞

在仓库边的小房住有女工友秀华，帮忙用大锅烧开水给大家；女生从街上或墟上买回的鸡蛋、鸭蛋等也拿到那里煮。秀华丈夫原在厦大东边社补鞋，没去白土；其弟则在白土街上开店补鞋。蔡绵绵还经常上那儿煮蛋吃。

化学系男生住在一个叫炳柏厝的民房。有：杨湘庆、张荣坤、郭奇珍、黄启巽、杨孙楷、徐志固、秦汶、施绍银、郭瑞堂、陆尔巽、王耀光、王中侃、魏兆琼、陈大波、黄希烈……

当时张乾二、林约翰、韩建国、蔡华义、方文兰等7位四年级同学，住在一个像小庙的房子里，也是睡通铺。

海洋系男生住在溪兜中学操场旁边坡下的承德堂。当时在校的学生有李松、李复雪、江德藩、何大仁、陈荫宇、陈建贤、陈培光、陈宗镛、江克平、吴宜寿、张云飞、黄祖源、林庆礼、施正铿、林一鹗……

1951年秋季入学的新生是各自到白土报到的。男生和老同学住在相同的地方。生物系的女生住另一户人家的房子，半边养猪，天天煮猪食，烧有热水。蔡绵绵、张淑莲、刘正琮、钟琬玲、洪雪峰、王雪华等6名女生住楼上的一间，另一间住有陈金环、何汇珍等。楼下是给管理宿舍的工友钟保哩夫妇住的。

单身和年轻老师多住在“艺丰楼”。此楼是侨房，主楼较大，房东自己住；我们老师住在主楼对面的房子里，窗户对着主楼。楼主是一个侨属老太婆，儿子在海外，媳妇留在家里。媳妇年轻爱活动，有时会透过窗户和我们个别老师（林坚冰）交谈；她婆婆对她管得很严，限制她在外面活动。

田昭武、吴伯僖、林坚冰、陈奕培、黄厚哲、辜联崐、钟同德、刘熙钧、赵景聪、赵景总、李法西、张其永、陈文侃、丘书院、潘容华、葛孔昌、郑文莲……都住在艺丰楼，两人或三个人一间。后来因房东老太太不让女的住，郑文莲才搬到外面与刘怡周（数理系1947级学生，1951年毕业后留校任助教）住在学生食堂隔邻的一户人家的二楼上，每人一小间。但她常来艺丰楼玩或打乒乓球、羽毛球，老太太也有意见。

带家属的教师住得较分散，年纪较轻的多住在“肃毅楼”，有：何恩典、何铭朝、陈允敦、金德祥、赵修谦、周绍民、林汝昌、周楠生、吴绍沣等。

汪德耀老师住的是一位姓张的华侨房子，是一栋红色粉墙的楼房，叫“潮海楼”，它离“艺丰楼”很近，只有约一百米，但潮海楼较小。汪师母说当时她去北京没去白土，只是汪德耀老师一个人去白土。

郑重老师是住在距“艺丰楼”约50米的一栋房子，是个四合院，可能就是潮海楼；吴思敏老师住在郑老师的对面房间。郑老师暑假去无锡探望其夫人Clark时，张其永曾到他宿舍住过，并阅读他留下的期刊杂志。

张松踪、陈瑞羡、翁绳周等老师住在乐怡堂斜对面的一座木屋小楼上，黄登凯、蔡景尘、陈耀惠同学和张老师住在同一栋楼或临近的楼上。方德植、李文清老师两家住在溪兜仓库背后山脚下的一座楼房内。

学生食堂在化学系男生宿舍附近。当时办伙食的是化学系学生杨湘庆牵头，他组织领导能力很强，伙食办得不错。一个姓林的职工当大厨（后来做电工），简光意（在厦门时敲钟的）分菜，用膳时每个人拿一个大碗去盛菜（有2~3种菜肴），一个碗装饭。

王源、王有容龙岩洞题刻

单身老师的食堂是在艺丰楼旁边的祠堂里，请龙岩人邓利川等买煮，老师管账，轮流监厨，伙食办得很好，大家采取分食制。当地东西很便宜，住在该

祠堂的生物系职工家属还做有鸡、鸭、猪心、猪肚等炖罐卖，也很便宜。我们搬回厦门时邓利川和其弟邓长荣也到厦大，并带来两个原来帮他办食堂的人，一并安排在东膳厅旁的小食堂工作。

学生会自己曾办过短暂的小卖部，就在学生食堂边的房间，曾定参加过一小段时间的工作。

罗陈宗祠（陈德堂）是理学院办公和上课的主要地方。大厅进口挂有一块黑板报，上面常有关于厦门方面消息。张松踪老师是理学院办公室主任，他和秘书陈瑞羡常在罗陈宗祠办公。陈奕培老师负责理学院的教务工作，经常要坐自行车到城里办事，甚至要亲自到城里取粉笔供教师上课之用。当时学校只是将各种教学用品和报表等送到城里，理学院在白土，要派人到城里去取用。

化学系、数理系是在罗陈宗祠上课的。化学实验室设在红场靠山一侧附近的一个小祠堂里。实验桌临时用厚木板钉成，蒸馏水由老工友方明治想办法，用竹管从山上引水，并带领朱木水、王寿楷等用木桶、大锅等土办法自制供应；尽管设备简陋，但教师仍然严格要求，学生实验认真。

海洋系的实验课是在艺丰楼旁边的祠堂里上的；理论课也是在罗陈宗祠上的。海洋系当时还有航海专修科，后来在院系调整时并入大连航运学院；海洋系调整到青岛海洋大学。生物课和实验在红场附近的一栋二层小楼上的。

溪兜中学大礼堂是上政治课、晚自修、开大会的地方。我们在那里听过伍洪祥地委书记、章振乾教务长、卢嘉锡院长所做的形势报告或教学工作报告。

政治课是全院上大课，由刘熙钧、郑道传等几位老师开课。黄厚哲举办过哲学讲座。潘懋元也到过白土，教过一段时间的课。

体育课老师有陈金铭、田春澜、罗经龙……在红场上课。

红场在溪兜中学边上，是旧时红军的练兵场和开大会的地方，有一戏台可以演戏。我们在白土时的文体活动就在那里，打排球、篮球、跳绳、拔河，唱《歌唱祖国》等歌曲……还举办过篮球赛、排球赛……还有文艺演出……

白土街在红场西边，百来米长，有几十间店铺，饮食店居多，还有裁缝店、日杂店、打铁铺、小百货、小布店、豆腐店等，也有银行和邮电局。白土街西边有一个墟场，5天1墟，相当于农贸市场。东西很便宜，1角钱可买3粒鸭蛋（当时是用旧制人民币，1953年换新制，1万元换1元，这是折成新币算的），后来1角钱买两个；花生很好，5分钱可买一斤带壳的熟花生，也有用竹筒或香烟罐做的量具买去壳花生，几分钱一罐；甘蔗2分钱“一刀”（这是龙岩当时的特色，所用的刀是小型的切菜刀，用它来量长度）；一碗面汤或粉干8分或1角钱，还可拌芥辣酱……我们去之前瘦肉、猪肝比肥肉便宜，后来因为我们很多人买这些东西，就比肥肉贵了。生竹笋非常便宜，墟场结束时常可看到倒在地上的卖不完的竹笋。

当时工学院不是有些文章中说的迁到白土，而是在龙岩县城东的一个叫溪南的地方，从龙岩城区步行大约20多分钟可到达，要经过一个小桥，尤玉博曾去过那里找电机系的同学。有说工学院教师住在城内一座小山头上的一所中学宿舍内。当时工学院有4个系：机械系、电机系、土木系和航空系。

白土到城里有载客的自行车，有些文章中说车费一趟5个铜板，其实当时不用铜板。白土到城里步行要一个多小时。记得我们有两次进城看抗美援朝或朝鲜的电影，提早用晚餐后步行进城，看完电影后步行回白土，已近午夜。同学们也常在星期天上午步行到龙岩城，购买一些日用品，在城里吃完点心再步行回白土吃午饭。

龙岩旧八景之一：奇迈岚光（连永泉画）

在街道右侧卫生院旁的巷子里，我们找到了当年理学院办公和上课的罗陈宗祠

当时老师和家属们的文艺活动很热烈，很多人参加歌咏队，多在艺丰楼练唱革命歌曲；李法西、田昭武、翁绳周、郑文莲等年轻教师，何铭朝夫人李玉采等都是活动积极分子，汪德耀、赵修谦也参加，并和学生在晚会上登台演出过；有时晚会还跳交际舞，引来当地群众的不少好奇的目光。学生们活动也很活跃，学跳交际舞，没有地点就找个有大块水泥地的地方，用洗脸盆打拍子。

学校还有宣传的任务，向当地群众做形势报告，配合文艺表演，演抗美援朝的活报剧，曾在后田村和溪兜中学礼堂演出。郑美丽、吴伯僖……等曾演出过苏联话剧《卓亚与舒拉的故事》，导演是一位名教授。当时白土一带“采茶扑蝶”歌舞盛行。我们也曾在铁山庙（现拆建为东肖镇政府办公楼）举办科普展览。1951年苏联十月革命纪念日，理学院在白土出过大型宣传专刊。

林硕田老师当时是溪兜中学的化学和外语老师，他和卢嘉锡老师曾同在厦大化学系念书，与张松踪同一年级，毕业后回老家教中学。理学院搬白土时得到他很大帮助，租用民房、修缮住处、借用溪兜中学礼堂、安定教学和生活秩序等，他都鼎力协助。1952年搬回厦门后，林硕田老师也调到厦大化学系任教，约90岁去世。

当时学院有学生自治会，干部由各系推荐。会长第一学期是化学系的魏兆琼（1952届），第二学期会长是海洋系的陈宗镛；文化部长王子若（数学系1952届），副部长是黄启巽；女生部长陈贞奋，副部长戴伦凯；生活部长叶德炽；膳食部长杨湘庆……系学生组织的负责人称首席代表，分正副二职。

当时白土还办有夜校文化班，曾定等去教过，厦大理发室的师傅刘远华、傅素兴、谢志光，化学系的老职工陈全、朱木水等，都在那里念过。

厦大的理发师在白土开了一间理发店，地点在艺丰楼去罗陈宗祠的路边，是租来的一小房间，但很凉爽，理发一次约2角钱。刘远华是广东兴宁人，傅素兴和谢志光也是广东人，在长汀时他们就在厦大，后来又跟去了白土，回厦门后一直在厦大理发室工作；刘远华年纪最大，新中国成立前后的许多厦大人他都认识，据他说卢嘉锡做学生时，刘就给卢理过发。

当时有在白土工作或学习过的院士共有6位：卢嘉锡、陈景润、田昭武、张乾二4位中科院院士和肖培根、林鹏2位工程院院士。当时卢嘉锡是教授，田昭武是助教，张乾二是1947级本科生、1951级研究生，肖培根是1948级本科生，陈景润是1950级本科生，林鹏是1951级本科生。

在龙岩白土一年后，1952年春回厦门上课。仍然有组织地集体步行返厦，每天要走50~60里。出发前一天，天气很热，许多人将冬衣脱下由学校专车运走。不料第一天傍晚走到适中时，突然降温并飘起细小的雪花。理学院领导知道后，立即电告大家停止前进，原地休息一天,并向后方教职工家属借衣服，派专车急送至适中，分发给缺衣御寒的同学，第三天再继续前进。最后一天，王亚南校长等校领导亲自到第一码头，迎接从漳州乘船到厦门的师生,然后大家又从第一码头集队步行回母校。

2007年7月12日，陈奕培、李复雪、黄启巽、林鸿庆、梁筠莲、曾定等6位同志重游白土。在白土镇卫生院附近找到了罗陈宗祠，围墙还在，里面大部分已倒塌；承德堂虽十分破烂，但后堂还可住人，住户正设法维修；乐怡堂保存较好，不过后排和中排左侧部分平房已被加盖成楼房；红场已消失，只留下一个看台；当时的铁山庙已被改建为镇政府办公楼。白土发展很快，很难找到当日的痕迹，溪兜中学礼堂、仓库、艺丰楼等多处旧址都没能再看到。现在龙岩学院的新校区就建在白土。

（以上内容由潘容华、张乾二、黄启巽、周绍民、钟同德、陈奕培、林鸿庆、张其永、陈宗镛、何大仁、李少菁、石俊明、曾定、尤玉博、翁绳周、蔡绵绵、陈宏溪、陈振端、潘星光、李复雪等校友共同回忆，曾定执笔）

承德堂内大厅
（承德堂原为海洋系男生宿舍）

【第四章】精英荟集

厦门大学作为高校的“南方之强”，自然拥有实力雄厚、英才荟萃的师资队伍，亦不乏名教授、名博导以及星光熠熠的两院院士。理、工两学院搬迁至龙岩新罗期间，亦是人才济济，集合了一批造诣深厚的教师。祖籍闽西永定的厦大副教务长、理学院院长卢嘉锡，当时便已闻名遐迩。教师们经过这一段生涯的磨炼，日后更加精研术业，攻坚克难，把自己塑成了建设祖国的精英级人才。他们中，共有七位成为两院院士。龙岩新罗，可谓这七大院士的摇篮之一。

这七位院士是：卢嘉锡、陈景润、田昭武、张乾二、肖培根、林鹏、阙端麟。

卢嘉锡是著名的物理学家、化学家、教育家、社会活动家、国家科技攻关项目的组织领导者、党和国家领导人，自不待言。而后来成为著名数学家的陈景润，在东肖求学期间，便已表现出沉默寡言、潜于学业的特异个性和资质，给当时到这里视察工作的校长王亚南留下了深刻的印象。毕业后曾有一段时间困顿落寞的陈景润，是王亚南珍爱人才，慧眼识珠，将其调入厦大，成就了一名出类拔萃的数学家，也促成了著名作家徐迟创作出了对中国知识分子而言具有划时代意义的报告文学——《哥德巴赫猜想》。

新罗东肖（白土）
——七大院士的摇篮之一

| 造梦师

1951年4月1日至1952年2月底，半个世纪前厦门大学的这一段鲜为人知的内迁历史，师生们与龙岩新罗的一段特殊情缘，与闽西几间简陋瓦屋的水乳之情，孕育出了大批国家栋梁，其中有七人成了中国科学院、中国工程院院士。

■

卢嘉锡

卢嘉锡(1915—2001)，福建厦门人，原籍台湾省台南市，祖籍福建省永定县，物理化学家、教育家、社会活动家和科技组织领导者。

卢嘉锡的祖籍——福建省永定县坎市镇浮山村全景。约200年前卢嘉锡的先祖即由该村的渡口乘船经广东出海，前往台湾省谋生

身着学士服的卢嘉锡

1934年，卢嘉锡毕业于厦门大学化学系。

1939年，获英国伦敦大学学院哲学博士学位。

1945年冬，年方30岁的卢嘉锡满怀“科学救国”的热忱回到祖国，受聘到母校厦门大学化学系任教授兼系主任，曾两度应浙江大学竺可桢校长和理学院胡刚复院长的聘请，到该校讲授物理化学课程。

1951年4月1日至1952年2月底，在龙岩新罗任厦门大学理学院院长、副教务长。厦门大学迁回厦门后，卢嘉锡任研究部副部长、部长和校长助理、副校长等职。

1940年卢嘉锡留美时，卢母率全家人合影（前排中为卢母，后排右一为兄卢雨亭，后排右三为弟卢万生，后排右四为卢嘉锡夫人吴逊玉）

1955年，当选为中国科学院学部委员(院士)，同年被高等教育部聘为一级教授，是我国当时最年轻的学部委员和一级教授之一。

在龙岩期间的卢嘉锡

1958年，他根据组织的决定，到福州参加筹建福州大学和原中国科学院福建分院，后者经多次调整而建成中国科学院福建物质结构研究所。

1960年任福州大学副校长和福建物质结构研究所所长，从系科布局、课程设置、图书订阅、科研设备购置、师资聘任到组织管理，卢嘉锡都付出了大量心血。

卢嘉锡因在科研上的重大贡献，被授予全国劳动模范的光荣称号（1979年）

1972年后，卢嘉锡着手恢复福建物质结构研究所的科研队伍和设备，关心和指导该所结构化学、晶体材料、催化及金属腐蚀与防护等学科领域的研究工作，使这个所逐步成为一所具有明显特色的结构化学综合研究机构，特别是在原子簇化学和新技术晶体材料科学方面成绩斐然，在国际上都占有一席之地。

1981年5月，出任中国科学院院长，在任职的近6年里，他领导中国科学院采取了一系列重大改革措施，为提高我国科技水平做出了贡献。

1981年5月，卢嘉锡在中国科学院第四次学部委员大会上当选为中国科学院院长

1987年，接受英国伦敦市立大学授予的名誉博士学位

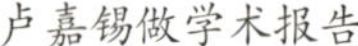

卢嘉锡做学术报告

卢嘉锡视察福建龙岩钢铁厂

1988年，当选为第三世界科学院副院长。

1993年3月，当选为第八届全国人大副委员长。

卢嘉锡工作涉及物理化学、结构化学、核化学和材料科学等多种学科领域。在结构化学研究工作中有杰出贡献，曾提出固氮酶活性中心的结构模型，从事结构与性能的关系研究等，对中国原子簇化学的发展起了重要推动作用，他所指导的新技术晶体材料科学研究，也取得了重大成绩。他早年设计的等倾角魏森保单晶X射线衍射照相的Lp因子倒数图，被载入《国际X射线晶体学手册》，称为“卢氏图”。

卢嘉锡视察福建龙岩钢铁厂

陈景润

陈景润（1933—1996），福建福州人，当代数学家。

1951年4月1日至1952年2月底，在龙岩新罗厦门大学数学系学习。1953年9月被分配到北京四中任教。1955年2月由当时厦门大学的校长王亚南举荐，回母校厦门大学数学系任助教。1957年10月，由于华罗庚教授的赏识，陈景润被调到中国科学院数学研究所，先任实习研究员、助理研究员，再越级提升为研究员。

20世纪70年代，著名数学家陈景润（左）和他的两位老师——著名数学家华罗庚（中）、北京航空学院副院长沈元在一起。陈景润上中学时，沈元老师向他讲述了哥德巴赫猜想

20世纪70年代工作中的陈景润

1973年发表了（1+2）的详细证明，被公认为是对哥德巴赫猜想研究的重大贡献。

1981年3月当选为中国科学院学部委员（院士），曾任国家科委数学学科组成员。

1992年任《数学学报》主编。

陈景润是世界著名解析数论学家之一，他在50年代即对高斯圆内格点问题、球内格点问题、塔里问题与华林问题的以往结果，做出了重要改进。60年代后，他又对筛法及其有关重要问题，进行广泛深入的研究。陈景润在解析数论的研究领域取得多项重大成果，曾获国家自然科学奖一等奖、何梁何利基金奖、华罗庚数学奖等多项奖。担任第四、五、六届全国人民代表大会代表。2009年9月14日，他被评为100位新中国成立以来感动中国人物之一。

1977年，《哥德巴赫猜想》作者徐迟采访陈景润

1978年，山东人民出版社出版的连环画《青年数学家陈景润》

1978年，数学家杨乐、张广厚、华罗庚、陈景润（从左到右）在一起

1983年10月，陈景润在郑州大学讲学

1966年，屈居于六平方米小屋的陈景润，借一盏昏暗的煤油灯，伏在床板上，用一支笔，耗去了几麻袋的草稿纸，居然攻克了世界著名数学难题“哥德巴赫猜想”中的(1+2)，创造了距摘取这颗数论皇冠上的明珠(1+1)只是一步之遥的辉煌。他证明了“每个大偶数都是一个素数及一个不超过两个素数的乘积之和”，使他在哥德巴赫猜想的研究上居世界领先地位。

这一结果国际上誉为“陈氏定理”，受到广泛征引。这项工作还使他与王元、潘承洞在1978年共同获得中国自然科学奖一等奖。他研究哥德巴赫猜想和其他数论问题的成就，至今仍然在世界上遥遥领先。世界级的数学大师、美国学者阿·威尔(A. Weil)曾这样称赞他：“陈景润的每一项工作，都好像是在喜马拉雅山山巅上行走。”

2008年7月，哈尔滨工业大学出版社出版了刘培杰主编的《从哥德巴赫到陈景润》

陈景润于1978年和1982年两次收到国际数学家大会请他做45分钟报告的邀请。这是中国人的自豪和骄傲。他所取得的成绩，他所赢得的殊荣，为千千万万的知识分子树起了一面不凋的旗帜，辉映三山五岳，召唤着亿万青少年奋发向前。

陈景润、由昆在北京拍摄的结婚照（1980年摄）

陈景润参加厦门大学福州校友会

田昭武

1982年，田昭武与吴浩清、卢嘉锡亲切交谈（从左至右）

田昭武（1927— ），福建福州人，当代物理化学家。

1949年毕业于厦门大学化学系。1951年4月1日至1952年2月底，在龙岩新罗厦门大学化学系任助教。

1978年任厦门大学化学系教授。1980年当选为中国科学院院士。1982年至1989年，任厦门大学校长。1984年获英国威尔士大学名誉理学博士学位。1986年至1990年，任中国化学会理事长。

1984年，科学出版社出版田昭武学术专著《电化学研究方法》

1987年，国家计委和国家教委正式批准厦门大学建立固体表面物理化学国家重点实验室。前排左起：林励吾、张乾二、蔡启瑞、田昭武、邓景发、林祖赓

1986年至1991年，任福建省科协主席。1986年至1995年，任中国科协全国委员会委员。1990年任固体表面物理化学国家重点实验室主任。

1991年任*Electrochimica Acta*副主编。1995年任《电化学》主编。1996年任国际电化学学会副主席。1996年任*Faraday Transactions*国际顾问编委。

1987年，国家重点实验室的几位学术带头人相谈甚欢。左起：张乾二、田昭武、蔡启瑞、万惠霖

1987年，三位院士携手申请国家重点实验室。左起田昭武、蔡启瑞、张乾二

1997年当选为第三世界科学院院士。1986年至1997年任第六届全国政协委员；第七、八届全国政协常务委员。

获1986年国家教委科技进步一等奖,1987年国家教委科技进步二等奖,1987年国家自然科学三等奖,1990年国家发明三等奖等。

2004年，田昭武在新疆南山牧场

2007年，厦门大学出版社出版《田昭武院士论著选集——拓宽视野的电化学》

田昭武十分重视电化学研究方法的创新及相关仪器的研制，首创的电化学研究方法和技术有：用于测定瞬间交流阻抗的选相调辉和选相检波测定法；用于测定超低腐蚀速率的控制电位脉冲技术；用于测定早期局部腐蚀的扫描微电极技术；建立复制超微复杂三维图形新技术——约束刻蚀剂层技术。

2013年，田昭武考察新型超级电容器研发进展情况

2013年，上海交通大学大师讲坛访谈田昭武（中）

田昭武在工作中

在他指导下研制成功并投入生产的仪器有：DHZ-1型电化学综合测试仪，XYZ-III型离子色谱抑制器，WF-III型微区腐蚀电位分布测量系统等，获发明专利权6项。

在多孔电极极化理论方面，田昭武提出“特征传输电流”概念和气体扩散多孔电极的“不平整液膜”模型，对半导体电极光电转换提出数学模型和“可移动掺杂物”高聚物半导体光电转换理论，对电极交流阻抗绝对等效电路提出微分新解法，得到自催化电极暂态过程理论解。专著《电化学研究方法》，主编*Photochemical and Photoelectrochemical Conversion and Storage of Solar Energy*。

张乾二

张乾二（1928—　），福建惠安人，量子化学家。

1947年就读于厦门大学化学系。1951年4月1日至1952年2月底，在龙岩新罗厦门大学化学系攻读研究生。1954年在厦门大学化学系任教。1978年任厦门大学化学系教授。1984年任博士生导师。

张乾二旧居“永和居”匾额

20世纪80年代，张乾二住在简陋的招待所

1990年当选第七届全国政协委员、第八届全国政协常委。1987年至1993年任中国科学院福建物质结构研究所所长。1991年当选为中国科学院院士。1996年至1999年任固体表面物理化学国家重点实验室学术委员会主任。1992年任农工民主党中央常委。1987年至1997年任农工民主党福建省副主委。

1940年，读初中的张乾二

1944年，读高中的张乾二

1951年，在龙岩时期的张乾二

张乾二用直观的图形变换代替群论的代数方法，简单地求解共轭分子及具有二维平面结构的简单分子的久期方程。所提出的图形约化方法不仅对同系物可以进行统一处理，很多分子甚至可约化为双原子或三原子分子图进行求解。

专著《休克尔矩阵图形方法》1981年由科学出版社出版，1985年选送参加国际书展。

张乾二创立了一种处理原子簇簇骼分子轨道的一般性方法——多面体分子轨道群重叠方法。

2008年，科学出版社出版《张乾二院士论文选集》

主要成果为：①证明了一个应用很广泛的基向量变换定理，建立了不可约表示基向量的一般构造方法，从而把配位场理论、杂化理论、定域分子轨道理论及原子簇簇骼分子轨道理论中的对称性轨道问题统一用一种方法进行构造；②提出并证明了多面体分子轨道存在成对理论，并解释了簇合物的结构拓扑规则，可以方便地定性讨论簇合物的电子结构；③导出曾被理论界认为不存在的SO（3）群——点群不可约表示的基变换的S系数的闭合公式及点群V系数的闭合公式，并编出计算机程序，从理论与实际计算上解决了有关群重叠积分计算及群轨道成键性质的判断等问题。

2008年，张乾二参加庆典

20世纪90年代，张乾二又进一步发展了多面体群重叠方法，解决了量子化学计算中的双粒子作用能矩阵元的对称性约化问题。

2008年，张乾二著作及80诞辰庆祝专刊

2016年，厦门大学出版社出版《浪遏飞舟——张乾二传》

张乾二讲授共振结构的键表表示

曾获国家自然科学奖一等奖（1982年）、国家教委科技进步奖二等奖（1987年、1994年）、国家自然科学奖二等奖（1989年、1994年）、国家教委科技进步奖三等奖（1987年）。

肖培根

肖培根（1932— ），上海市人，药用植物与中药资源学专家。

1951年4月1日至1952年2月底，在龙岩新罗厦门大学生物系学习。1953年毕业于厦门大学生物系。1953年至1983年在中国医学科学院药物研究所任实习研究员、助理研究员及副研究员。

在龙岩读厦门大学时期的肖培根与父母合影

1954年，肖培根（左二）在河北张北地区野外采集路上

1954年，肖培根在西藏调查藏区藏药

2011年，肖培根在首都科学讲堂做报告

1983年至1996年任中国医学科学院药用植物研究所所长、研究员。1994年当选为中国工程院首批院士。1996年任中国医学科学院药用植物研究所名誉所长、中药资源利用与保护重点实验室主任、世界卫生组织传统医学合作中心主任、北京中医药大学药学院名誉院长。

肖培根开创了包括植物、化学、疗效和计算机技术等多学科渗透的“药用植物亲缘学”，组建了中国医学科学院药用植物研究所并任首任所长，提出了以发展原料、药品制剂及新药为主的三级开发战略理论。

2014年，人民军医出版社出版《肖培根院士集》

2015年，“共建广西药用植物园院士行”活动中，肖培根在项目验收会上介绍情况

肖培根重视中药资源的利用与保护，致力于国家药用植物园体系的建设，倡导中药资源与“三农”、“西部大开发”与“一带一路”的协同发展，结合悠久茶文化提出“别样茶”概念，会同“适应原”及中药补益药，为慢性代谢性疾病防治与抗衰老开辟新路径。

2015年，中国医疗保健国际交流促进会植物芳香医疗保健分会在北京钓鱼台国宾馆成立，肖培根（前排右）被聘为名誉主任委员

在近40年的工作中，为调查药用植物，肖培根的足迹遍及国内的各个省、区和国外30多个国家，大量的实践使他在药用植物研究上的经验和才干不断增长，也使他的研究领域不断拓宽。他共发表了140多篇学术论文，主编或主要参与编写了《中国本草图录》(10卷)、《新华本草纲要》(3册)、《中药志》、《中国植物志》(第27卷)、《人参的研究及栽培》等20部著作。

肖培根在查阅资料

肖培根在旷野采集中草药

肖培根曾获国家成果奖1项，部级成果奖8项，先后培养博士生40名，硕士生25名。

由于肖培根在中药研究方面的贡献，1998年曾被选为第三届立夫中医药学术奖获奖人；2001年获求实科技基金会杰出科技成就集体奖；2002年获得香港浸会大学荣誉理学博士学位。

肖培根主编的《新编中药志》已出版多卷

林鹏

林鹏（1931—2007），植物生态学家，出生于福建省晋江市，原籍福建省龙岩市。

1951年4月1日至1952年2月底，在龙岩新罗厦门大学生物系就读；1955年毕业于厦门大学生物系，并留校任教。

1980年，第二届国际红树林生物学和浅水群落学术会议后，林鹏与秘书长蒙哥马利一起考察巴布亚新几内亚红树林

1985年，林鹏向澳大利亚红树林考察团介绍海南岛的红树林情况

1982年任厦门大学环境科学研究所副所长；1984年任厦门大学生物系副主任；1986年任厦门大学博士生导师、教授；1990年任国家教委理科环境教学指导委员会委员、副主任兼生态学教学指导组组长；1993年任国际红树林生态系统学会(ISME)理事会理事，中国生态学会理事、常务理事，福建生态学会理事长、名誉理事长；1995年任国家级自然保护区评委会委员；2001年11月当选为中国工程院院士。

林鹏长期从事河口海岸红树林和陆地植被生态学研究，率先对中国6省区(包括台湾)红树林进行了系统调查和研究，是中国红树林生物量、生产力、物流能流等生态系统研究的开拓者。特别是林鹏在红树林湿地生态领域系统的创造性成就，使中国的红树林生态系统研究跨入当前世界海岸湿地生态学研究的前沿领域。专著《中国红树林生态系》填补了中国红树林生态系统学科的空白，为中国红树林的研究和生态恢复工程起到奠基作用。

1985年，林鹏在澳大利亚红树林研究所图书馆查阅资料

1990年，林鹏在国际红树林生态系统学会（ISME）成立授牌仪式上

1993年，林鹏在香港召开的“红树林生态系统学术讨论会”上发言

1993年，林鹏作为大会主席在中国首届红树林生态系统学术讨论会上致开幕词

由于林鹏等科学家通过科学活动提出的证据，现在人们对红树林的态度有了180° 的大转弯，越来越多的人知道：红树林能保岸护堤；它包含治疗白血病和胃癌的成分；它能为鱼虾提供营养物质；它能大量吸收海上污染物。红树林还具有吸附土壤的特性，它能不断地创造出陆地，供人们使用，自己再向外扩展。

1997年，科学出版社出版林鹏学术专著《中国红树林生态系》

1998年，林鹏在台北召开的“红树林生态系统学术专题和保育经营研讨会”上演讲

林鹏概括出八个字的红树林精神：自强不息，不断发展。他建议人们要像红树林那样生活。

2006年，林鹏在厦门翔安山亭调研红树林

林鹏的部分专著

阙端麟

阙端麟(1928—2014)，福建福州人，半导体材料学家。

1951年毕业于在龙岩新罗的厦门大学机电系，毕业后留校任教；1953年调浙江大学工作。

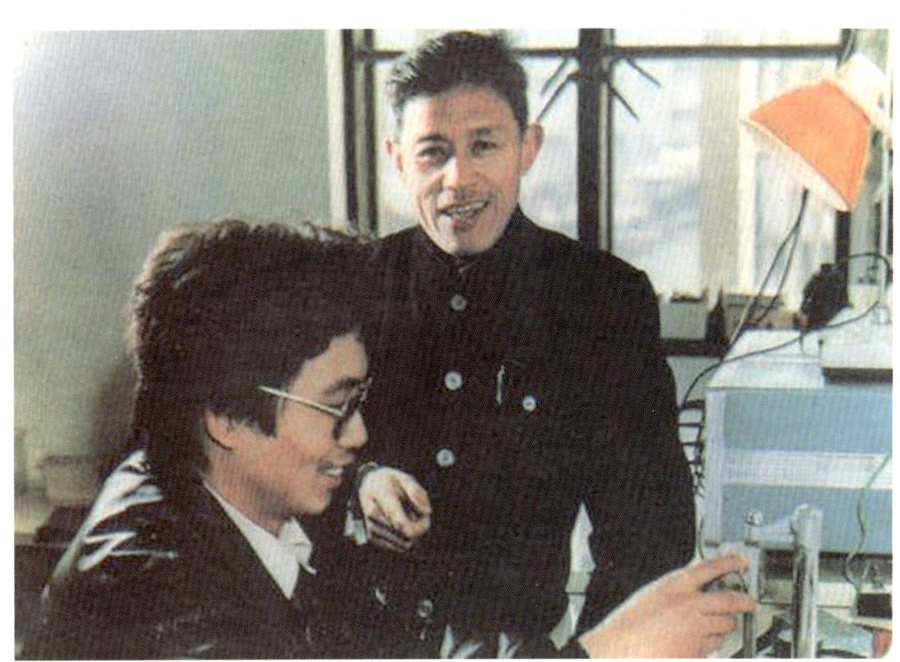

1985年，阙端麟（右）在实验室

2007年，阙端麟（右）给校友陈荣玲颁发证书

2009年，会议中的阙端麟

1954年在国内开始从事温差电材料的研究，跨入了半导体材料这一新兴学科。1959年开始硅材料研究工作。

1964年在国内首先用硅烷法制成纯硅及高纯硅烷，负责并领导了极高阻硅单晶的研制，并成功地研制出探测器级硅单晶。在硅单晶电学测试方面，进行了新的测试方法和理论研究，提出了双频动态电导法和间歇加热法测试硅材料导电型号；发展了单色红外光电导衰减寿命的测试技术和理论，研制生产了仪器，使硅单晶工业产品寿命测试仪全部国产化。

20世纪80年代，阙端麟首先提出用氮作为保护气直拉硅单晶技术，生产出优质低成本硅单晶，开辟了微氮直拉硅单晶基础研究工作。

阙端麟回母校

2010年，阙端麟在浙江大学

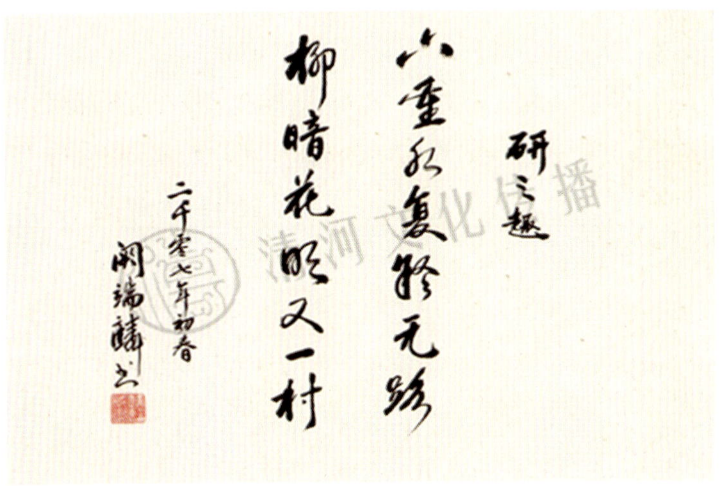

阙端麟书法

1991当选为中国科学院学部委员(院士)；1984年加入九三学社，任九三学社第八届中央委员会委员，第九、十届中央委员会常委。

曾先后任浙江大学电机系实验室主任、无线电系半导体材料与器件教研室副主任、材料科学与工程系副主任、半导体材料研究室主任、半导体材料研究所所长、浙江大学副校长、校务委员会副主任、浙江省政协副主席、浙江省科协主席等职。

阙端麟发表重要论文50余篇，获中国发明专利权8项。其中“全分子筛吸附法提纯硅烷”获1980年国家发明三等奖；“减压充氮直拉硅单晶技术”被《科技日报》评选为我国1987年十项重大科技成果之一，1988年该成果在布鲁塞尔举行的第37届尤里卡世界发明博览会上获金牌奖；“高额109/m红外光电导衰减硅单晶少子寿命测试仪”获1988年国家发明三等奖；“减压充氮直拉硅单晶技术”获1989年国家发明二等奖。

1956年，阙端麟被评为浙江大学先进工作者，1983年被评为浙江省“五讲四美”为人师表优秀教师，1986年被评为国家级有突出贡献的中青年专家，1988年获浙江省劳动模范称号，1990年被评为全国高等学校先进科技工作者，同年获全国“五一”劳动奖章。

卢嘉锡在龙岩

| 管成学 赵骥民

1950年夏，美帝国主义入侵朝鲜的同时，命令第七舰队开入台湾海峡，公然干涉我国内政，插足我国领土台湾。10月，美侵略军的战火烧至中朝边境，中国人民志愿军开始了轰轰烈烈的抗美援朝战争。

在此期间，地处海防最前线的厦门，不断遭受美国支持下妄图“反攻大陆”的蒋军空袭和炮击，形势日趋紧张。

位于厦门南端、屡遭空袭的厦门大学，很难维持正常的教学工作。经常是学生们正坐在安静的教室中听课，一阵尖利的警报声打断老师的讲解，师生们只得紧急疏散，躲进学校修筑的防空壕。文科院系的师生人走家搬，没什么可顾虑的；理工院系的仪器设备较多，很难及时搬动，一旦遭到空袭，损失会很惨重。为了减少损失，维持正常教学秩序，上级决定把理、工两学院暂时疏散到闽西龙岩。

经过考察，学校选定了两处迁移地点，大件仪器较多的工学院搬到城关，理学院则迁到白土乡。

1997年7月，卢嘉锡寻访东肖子耕山庄时，与当年的房东家人合影

1951年3月，理学院师生及家属分批向龙岩进发。先乘汽船离开厦门，在漳州附近上岸后，除教授和老幼病弱者外，绝大部分师生都是自己挑着行李徒步行军。150公里漫漫长路，负重跋涉，吃住不便，很多人脚上磨起了血泡，可是没有人叫苦。初春的寒风冷雨，袭击着饥寒交迫的师生们，人人疲惫不堪，尽管如此，缓慢的行军队伍中仍然是歌声起伏，笑声不断。沿途，他们还向群众做着抗美援朝的宣传。

不过，愈接近目的地，人们心愈不安。贫困、落后的龙岩山城将以怎样的方式，迎接他们这些“避难”的师生呢?

让理学院师生出乎意料、惊喜万分的是当他们经过数日艰苦跋涉，终于到达白土乡时，一切已布置得井井有条：老百姓腾出了最好的房子，教室、实验室、办公室、宿舍都已收拾得整整齐齐、干干净净。特别是供教授们居住的房子，都经过精心安排，配备好了家具及各种日用品。师生们看着刚刚上任不久的卢嘉锡院长胸有成竹、指挥若定的样子，不禁暗暗称奇。

原来，疏散前，卢嘉锡曾赴龙岩考察。考察中，他了解到一个名叫林硕田的青年，原来在厦大化学系读书，后因照顾爱人关系，离校到这里工作，对当地情况十分熟悉，卢院长就把他请来给自己做帮手。林硕田在校时就很崇拜卢嘉锡，有机会给老师帮忙，他心里很高兴，准备工作也因此进行得相当顺利。

卢嘉锡对这个出身贫寒、勤快聪敏的年轻人很

龙岩中山公园原貌

有好感。当他得知林硕田想回母校深造后，当即答应帮他向化学系推荐。后来，林硕田在化学系学有所成，毕业后留在系里任教。

内迁安置工作顺利就绪，两院按原定计划在4月1日复课。虽然屋舍简陋、条件艰苦，师生们的热情却很高。理论课、实验课都和在厦门一样正常进行；用旧民房改造的阅览室里天天挤满了人，学生们安静地读书，教师们细心地备课，一切有条不紊。

不久，专程从厦门赶来看望两院师生的王亚南校长，对两院领导工作提出表扬，尤其对理学院的工作特别满意，他握着卢嘉锡的手，热情诚恳地说："你们辛苦了，这里条件这么差，你们能把工作做得如此周到、细致、有条理，真不容易啊！"

王亚南是我国当代著名的马克思主义经济学家、《资本论》翻译者之一，1950年6月由政务院任命为厦门大学校长。他和卢嘉锡都是厦门大学最有声望的教授，两个人私交甚好。王亚南一直很器重比自己小14岁、工作踏实、知识渊博、有着非凡的教学才能的卢嘉锡。这次内迁龙岩，他敏感地注意到了卢嘉锡的另外一种能力，那就是超群的组织管理能力。

很快，卢嘉锡被任命为副教务长，进入校一级领导。章振乾教务长顿觉肩上的担子轻了许多，从这以后，他主要负责两院与校部的联络与沟通，经常往返于龙岩和厦门之间；两院的日常工作，则大部分由年轻能干的卢嘉锡承担了起来。

卢嘉锡热爱工作，有一种超乎常人的敬业精神。他一边奔走于两院所驻的城乡之间，处理各种繁杂的事务，一边精心备课，认真讲课，一丝不苟地指导研究生学习。周围的人都惊叹卢嘉锡充沛的精力和超人的乐观，无论什么时候看到他，他总是目光炯炯，一脸微笑。

白土乡和城关相距好几千米，山路蜿蜒曲折，交通十分不便，往返两地只能搭坐载客的自行车。一路颠簸下来，骨头都快“散架”了，卢嘉锡在这羊肠小道上一手抓着车后架，一手握书，满脸从容、愉快。

1952年2月，理、工两院内迁已经整整1年了。在这1年中，两院师生不仅学业大有长进，而且和老区人民结下深厚的友情。休息时，学生们常常帮老乡提水，劈柴，打扫庭院；农忙时，学生们集体支援，从不叫苦叫累，感动得老乡们流出热泪。

随着厦门海防日益巩固，两院师生奉命返校，疏散龙岩的工作到此宣告胜利结束。

离开龙岩那天，风中带着浓浓的寒意，可是师生们心中却涌起层层的热浪。老乡们送出村外，含泪挥手，久久不肯离去。这泪水牵挂着年轻的脚步，悬系着龙岩的热土，一年时间虽短，但厦大和龙岩已是血脉相连！

缅怀恩师卢嘉锡 风范长存育后人

| 张仁潮

2001年秋，从福州传来了卢嘉锡领导和恩师不幸逝世的消息，我顿时感到十分悲痛，又为没有机会送先生最后一程而感到十分遗憾。时隔14年的今天，出于对终生难忘的恩师卢嘉锡的怀念，禁不住提起不善书写的笔书写点滴回忆，聊表对恩师的思念。

卢老的灿烂青春

卢嘉锡院士1915年10月26日出生于福建厦门市的一个台湾省籍塾师家庭，他的祖父是龙岩永定区坎市浮山村人，100多年前他祖父为了谋生告别了穷乡僻壤，奔赴台湾、厦门，最后定居厦门谋生。少年时代的卢老在厦门只用了不到三年的时间读完了小学和初中，13岁进入厦门大学预科班，以优异成绩升入厦门大学本科。1934年于厦门大学化学系毕业留校任助教，1937年8月考取第五届中英庚款公费留学英国伦敦资格。1939年7月以论文《人工放射性研究》获伦敦大学物理化学专业哲学博士学位，同年8月即赴美国加州理工学院跟随两次获得诺贝尔奖的杰出化学家鲍林教授学习，兼任客座研究员。1944年参与美国战时军事科学研究。由于卢老的聪慧和努力拼搏，他以在燃烧与爆炸方面的出色成就，获美国国防委员会颁发的科学研究与发展成就奖。

抗战胜利后，卢老想到为了改变中国落后面貌，只有发展中国的科学事业才能强国。他宁愿舍弃在美国的优越生活，满腔热忱地于1945年12月回到祖国，回到母校——厦门大学化学系任教授兼系主任。

在解放战争期间，卢老在斗争实践中看清了国民党及反动派的腐败本质，逐步认识到共产党是中国人民的救星，是爱国进步力量的代表。在新中国成立前夕，卢老不顾个人安危，为保护厦门大学完整回到人民手中，积极参与中共地下党革命行动，为党、为人民、为厦门大学的全部财产做出了贡献，给师生做出了表率。

卢老的严谨风范

1957年8月，我从南京航空学院转到厦门大学物理系学习，在学习期间就听到师生颂扬卢老严谨教学、一丝不苟的科研精神和待人和蔼可亲的热情。1958年夏，盘踞在台湾的国民党反动派置中国人民不顾而做反攻大陆的美梦，向厦门炮击，炸弹飞进了厦门大学，炸死了一位物理系老师。厦门大学又一次搬迁到集美、华安、龙岩、漳州，厦门大学为了科研工作能继续下去，从化学、物理两系师生中抽调一百多人组成理化所，由卢老带队到漳州实验小学开展科学研究。我作为学生参加了科研工作，感到十分荣幸。从卢老的点滴言行中真正感悟到卢老高尚的品德，严谨的作风和一丝不苟的科研精神。

在卢老的领导下，厦门大学赴漳州的理化研究所100多位师生干劲十足，加班加点，日以继夜从事科研工作。卢老是理化研究所中声望、资格最老的，但是工作中同样和我们学生一起加班加点。在科研上一丝不苟，在生活上从不摆架子，他和我们一起吃住、聊天，亲如自己父母长辈。当他问起我是何地人时，我告知是龙岩山区人，他立即谈起1952年厦门大学迁往龙岩的情况，滔滔不绝谈起在龙岩东肖工作和生活的情景，不禁表露出对龙岩东肖的留恋和感谢老区家乡人民的爱戴与关心。我从卢老的谈话中可以感觉到他老人家是一位重感情、

原龙岩城后城巷

1999年7月卢嘉锡第二次寻访东肖厦大理学院旧址时，与老房东林淑珍（左三）在一起

知温暖、爱民心的知识分子和人民可以信赖的知名科学家。记得在科研工作中，化学实验室里发生一次玻璃瓶爆炸事故，事故虽不大，但卢老知道此事后，立即组织有关人员认真检查、寻找爆炸原因，整顿学习，提高了全体工作人员的科研态度和严谨科研作风，使大家能顺利完成指定目标。“人人享受科学技术的恩惠，科学技术需要人人的支持。”这22个普通文字是卢老一生为国争光的写照。他认识到落后就要挨打的真理，只有全民掌握科学，才能改变祖国的落后面貌，而科学需要人人的支持，人人的重视，人人的拼搏。卢老就是这样想，也是这样为教育事业、为培养人才贡献一生的。他领导的厦门大学化学系，培养了一批又一批本科生、研究生，走上祖国各个岗位，成为新中国各项科研接班人和带头人。他组建的华东物质结构研究院，培养了一批又一批有理论、有实践、有水平的科研人员，完成了多项科研项目，一篇篇科研论文走向全国，飞出国界，为人类的物质结构研究做出了贡献。

卢老心系龙岩

1961年8月，我大学毕业后留在福州大学物理系任教，有幸又与卢老同住一个楼舍——福州大学五号楼。虽同住一楼房的时间不长，但碰面聊天的机会多了几次，他经常谈起家乡龙岩东肖生活的点点滴滴，从谈话中透露出对东肖的怀念，对老区人民的关心。他当时是福州大学副校长，又是华东物质结构研究院院长。万事开头难，当时的院和校都是起步阶段，许多事要卢老去处理，但卢老永远情系龙岩，思念龙岩，只要有机会他一定会回到龙岩，回到永定，回到东肖去表达对家乡、对老区人民的爱。

20世纪90年代，卢老当选全国政协副主席，不顾年事已高连续两次来龙岩山区进行考察，深入

乡村，走进企业，踏遍永定棉花滩的山山水水，开展调查研究，认真分析，就区域性、专题性的经济发展战略进行论证，为棉花滩水电站的上马，为龙岩地区的交通枢纽建设，向中央提出了许多富有真知灼见的意见、建议，得到中共中央、国务院的重视和好评，并实质性解决了老区经济发展，使永定棉花滩水电站和闽西交通要道的建设得到快速发展。卢老在龙岩考察期间，实现了对情系已久的东肖老房东和亲朋好友的访问，表达了一生的夙愿。我以学生的身份到卢老下榻的闽西宾馆拜访。他那平易近人、幽默风趣的谈话消除了我的恐慌心情，拉近了我们师生的感情，他那实事求是、光明磊落、学风严谨、豁达大度的高尚精神又使我对往事的回忆浮现眼前，使我们的谈话更加真实，更加自如。卢老风趣地对我说："我们卢家现在只有三个半院士（因为他后来从政，只能算是半个院士而已）。你们年轻一代不要为从政而纷争，多磨砺你们的专业兵器，投身于祖国建设，做一点实在的工作。"

卢老情系子耕楼

龙岩东肖子耕楼是卢老挂在嘴上、想在心里近半个世纪的第二个故乡。1952年，厦门大学理学院搬迁至龙岩东肖，卢老就住在东肖子耕楼二楼，房东和周围群众对卢老的关心体贴留在他的思念和回忆里。卢老遇到龙岩来的师生和朋友总会谈起在子耕楼的点滴往事。卢老很想来看看子耕楼的风雨变迁，但工作太忙加之时代的变迁，一年挪过一年，一挪就近半个世纪了。20世纪90年代中期，时任全国政协副主席的卢老，虽年事已高，但他借来到龙岩开展调查研究探亲访友之际，还是在百忙中挤出时间去实现多年重游子耕楼的梦想。在访问子耕楼的那天，气候特别适宜老人出行。卢老在女儿和保卫人员的照料下，神采奕奕、精神焕发乘坐公务车来到东肖子耕楼，一进门就上楼走到他阔别近半个世纪的卧室，凝视周围的变迁，他热泪盈眶，沉浸在对往事的回忆中。在房东们的农家乐家宴中，卢老谈吐幽默，平易近人，频频相敬，不是亲人胜似亲人。这次重游，卢老和子耕楼的乡亲都留下了美好的回忆。

在几次拜访中，我和卢老一起照了多张照片，这些照片是卢老给我的无价珍宝和永远的思念。今天我又翻阅着这些照片，不禁写下了这篇文章，表达我对卢老的高尚风范、品德的尊敬和怀念。

陈景润西进龙岩

| 沈世豪

绿树如茵，松涛阵阵，飞瀑倾泻。山间，一条蜿蜒的小径，飘飘荡荡地系住了深墨似的层峦叠嶂。一支徒步的队伍，正在行军。不是军人，也不是身着杂色服装的游击队，而是厦门大学的师生。抗美援朝战争爆发，中朝人民同仇敌忾，在“三八线”一带把美国侵略者及其帮凶打得焦头烂额。穷凶极恶的美国好战派居然把第七舰队开进台湾海峡，妄图阻止中国人民解放台湾，并且不断制造紧张局势。位于前线的厦门，已经处处可闻战争风雨的气息了。为了预防不测，厦门大学理工科奉命西迁龙岩。政治热情高涨的厦大师生，以军人的姿态迎接挑战，他们行军300多里，一路高歌，偶尔还做些宣传工作，一行人马，浩浩荡荡地向目的地进发。

闽西是中国革命的发祥地之一。毛泽东同志当年率领红军走下井冈山，到赣南、闽西开辟中央苏区，龙岩便是苏区的一个重镇。红军时代赫赫有名的邓子恢（新中国成立以后担任过副总理）就是龙岩人。红军长征时，有四万闽西子弟随军北上，湘江一役打先锋，大部分是闽西出去的红军。碧血悲歌，两万多闽西子弟兵用自己的鲜血为中央红军杀开一条突围之路。沿着这条红军走过的道路，厦大师生到了龙岩附近一个名叫白土的地方。

陈景润已读大学二年级了，他住的地方，还有一个洋溢着强烈革命色彩的名字：红场。这是一个镇子，当然不能和莫斯科红场相比。大潮退尽，山里朴实的农民虽然知道当年的红军已经打回来了，但刚刚诞生的共和国一时尚无暇顾及这些饱经劫难的革命老区。新到这里的厦大师生发现，这里物价太便宜，老百姓居然仍用古老的铜板、光洋作为流通货币。一切是那么地陌生，又是那么地新鲜。举目四顾，才发现已经置身在一派莽莽苍苍的林海之中。樵风泉韵，绿意斐然，和厦门那种炮声、警报声时而撕裂人心的环境迥然不同。这里适合读书，陈景润心中感到从未有过的轻松和闲适。

临时的教室和学生宿舍都设在罗氏宗祠里，而教师住在一座名叫“乐怡堂”的古式民宅中。乡间质朴的生活，为大学生涯增添了另一种风情和韵味。大家睡通铺，夜深人静，可以闻到丝丝缕缕杉木的清香，如天外飘来的一缕云雾，写意而令人五内如洗。这儿条件虽简陋，但老师教学同样是一丝不苟。到了这里，人们发现，平时沉默寡言的陈景润却和随队伍而来的一位洋教授打得火热。他叫沙鹏，是法国人，不会汉语，对学生讲英语。沙鹏娶了一位福州的姑娘为妻子，奇迹般地向夫人学会了福州话。陈景润从小就开始学英语，功底不错，可以用英语和沙鹏交谈，尽管有时会结结巴巴。他们有时也讲福州话作为补充。道地的方言，在外地人听起来和外语几乎无异。看到陈景润和沙鹏教授出出进进，形影相随，同学们既羡慕，又有点儿忌妒。

沙鹏是很有学问的。他在数论方面钻研颇深。别以为陈景润是只会一个劲死读书的书呆子，他一点儿也不呆不傻，他懂得虚心向老师请教和学习的道理。老师指点迷津，传道，授业，解惑，才会有学生的成功。陈景润对时间是最吝啬的，但在龙岩，人们却发现他时常和沙鹏一起在乡间小道上散步。不知道他们窃窃私语的内容，但只发现陈景润经常情不自禁地喜形于色。后来，大家才知道，沙鹏教授毫无保留地把自己的学识传授给这位勤奋好学的弟子。

教师是蜡烛，燃尽自己，照亮学生。教师也是人梯，让学生踩着自己的肩膀，去攀登人生的高峰。内向的陈景润勤奋有加，在向教师请教方面，同样堪称楷模。

当时的厦大数理系，学生虽少，但教师中却是人才济济。系主任是方德植教授，他亲自讲授“高等微积分”“高等几何”等基础课程，并且用我国古代数学家杨辉和出身清寒家庭的德国数学家高斯的奋斗事迹勉励学生。身处乡间野岭之中，不闻厦门迷人的阵阵海涛，但在教学上，这些可敬可佩的教师同样尽心尽职。方先生把自己做学问的经验传授给学生，指出勤做题是很重要的，但必须掌握两条：一条是要加强对书本中的基本概念和定理的理解，另一条是要训练运算技巧和逻辑推理。离开了这两条，数学是学不好的。题海无边，陈景润正是按照方先生讲的这两条原则去做，才避免了重蹈盲目做题的旧辙。方先生对陈景润要求很严格，有一回高等微积分考试，他发现陈景润的试卷写得混乱，立即把陈景润叫来，问他会不会。虽然陈景润当场重新作答，得了满分，但方先生还是教导陈景润：“字要写清楚，要让人家看懂，以后搞研究出了成果，不会表达，写不清楚，总是个缺点。”陈景润虚心接受了老师的批评，以后把字写得工工整整。这种习惯，一直坚持到他今后一生的道路之中。陈景润留下的不少书信、正式文稿，全部是整整齐齐的。他的字并不算漂亮，但横竖成行，一笔一画，严谨有序。

龙岩求学的日子是艰苦的，但农村的宁静和清新，为陈景润创造了特殊的学习环境。早上一起床，

原龙岩城东门景象

有些同学跑到晒谷场上简易的篮球架下打篮球，而陈景润只是稍做活动，便带着《袖珍英汉字典》到田野中去学英语。同学们亲切地喊他："爱因斯坦，来打球吧！"他只是报以憨厚的笑意，向同学们打个招呼，仍是向前去。岚影晨光，如梦如幻，有早起的鸟儿，婉转动听地唱着山韵浓郁的晨曲。陈景润很快就进入了读书的佳境，和这山里美丽的清晨融为一体了。

数学上给他影响很深的还有李文清先生，他给陈景润上"高等代数"和"实变函数论"。李先生是留日的，对日本高木贞治的《初等数论》和《数论史》有特殊的研究。他上课深入浅出，并且常给学生讲东方数学家立志攀登世界科学高峰的动人事迹。他给陈景润详细讲过印度数学家拉曼纽让攻克"数的分割"及"合成数的分布"等世界难题的故事，勉励他的学生为祖国争光。他的话给陈景润很大的激励。事情过去已近半个世纪，李文清先生还保留着当年在思想改造运动中写的检查，上面赫然写着："散布资产阶级成名成家的思想，学生陈景润受到了严重的毒害。"当时，是作为"悔过"而写的。历史终于恢复了它的本来面目，无产阶级何曾不需要自己的专家呢?

无独有偶，李文清先生在上课中，讲到了数论史上三个没有解决的难题，费马问题、孪生素数问题、哥德巴赫猜想问题。谦和风趣的李老师，笑吟吟地对他手下的四位学生说："我们班上谁要是能解决其中的一个问题，对世界就有了不起的贡献！"有的同学笑了。陈景润没有笑，是想起当年读高中时沈元教授讲哥德巴赫猜想的一幕趣事，还是意识到新中国一代大学生肩膀上沉甸甸的重任?他沉思着。虽然，此时的陈景润并没有确定攻克这一难题的方向，也并不清楚要解决哥德巴赫猜想究竟要付出何等的艰辛和代价，但一道雄关，已经如遥远的珠穆朗玛峰一样，闪烁着诱人的光芒。

（沈世豪，厦门市著名作家）

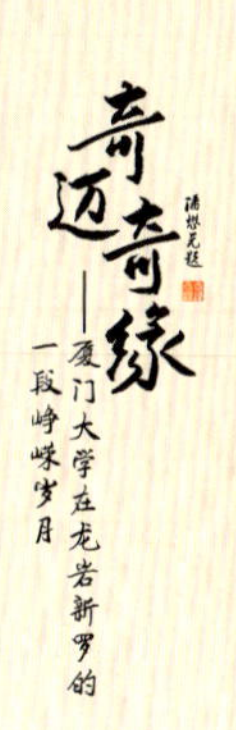

忆五十年代
厦大老师在龙岩

| 张景奎

1951年，在“一定要解放台湾”的形势之下，厦门疏散人口，厦大理、工学院搬迁至龙岩县，理学院进驻老区侨乡白土镇（现改为东肖镇）。当时庙宇、祠堂、大宅便成了厦大师生的临时课堂、实验室、宿舍。汪德耀、卢嘉锡教授便是住在华侨大院里，成了我们的邻居。

寂寞的山区因厦大师生来临，顿时变得热闹非常。贫困的山区也因此繁荣起来。农民自产的蔬菜、瓜果、鸡鸭等农副产品有了市场。厦大的到来更重要的是给山区带来了先进的文化，他们一些师生在龙岩各个中学兼职授课，让我们一睹教授之风采，大学生们秉烛夜读的精神（当年没有电灯），令我们这些中学生感动不已。更使我们难忘的是，厦大师生经常举行体育比赛和文艺演出，如《解放区的天是明朗的天》、《团结就是力量》，鲁迅的《野草》，高尔基的《海燕》等节目。这一切都给我们留下深刻的印象，我们从未听过如此美妙动听的歌声和标准的普通话，至今记忆犹新。

民国时期的龙岩县商会六角亭

厦门大学教授汪德耀等当年住在潮海楼，楼主张添旺。房主一家与厦大老师们融洽相处，亲如家人。张添旺的女儿满月时，汪德耀教授为其取名秀明，并手抱婴儿与大家合影（图片由房主张添旺提供）

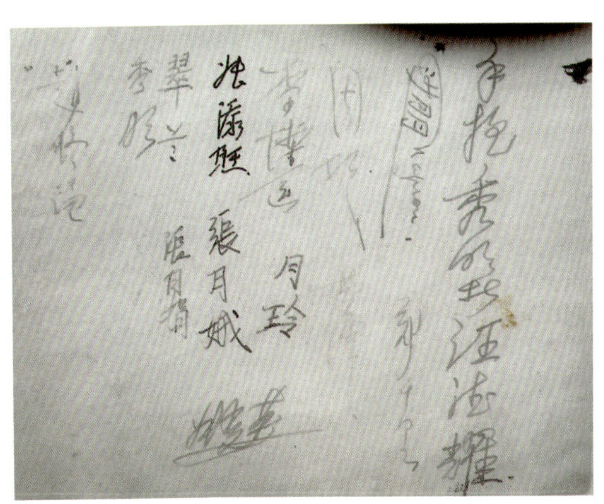

图为合影照背面汪教授等人的签名

潮海楼外景

作者张景奎（中）和汪德耀（左）、卢嘉锡（右）在一起

厦大在龙岩时，正值抗美援朝初期。厦大师生同老区人们一样掀起保家卫国的宣传和参军热潮。更让我们难以忘怀的是汪德耀教授在赶集的万年台上做抗美援朝反对美帝细菌战的报告，他那宏亮的声音、标准的发音、强壮的体魄，使听众还以为他是刚从朝鲜前线回国做报告的将军，一时成为美谈。厦大学生踊跃报名参加中国志愿军。卢嘉锡教授的儿子卢嵩岳，当年还是我们中学同学，也报名参军，和老区人民一样投入到抗美援朝洪流中。

卢嘉锡教授祖籍龙岩永定，他不忘故土、多次故地重游。当他从全国人大副委员长任上退休后不久，便来龙岩重温旧梦并感谢老区人民当年对厦大师生的支持，又特地去探望他的老房东陈子耕夫人，并为其洋楼“子耕山庄”题名。他当年在此居留时，喜得贵子，取名龙泉，以纪念此子出生于东肖龙泉村。事隔一个甲子，卢院长仍然如此怀旧，令陪他随行的市宣传部长林金禄感慨莫名，更令我们肃然起敬。

最令我感恩的是教我们化学的卢宗兰老师。卢老师当年是厦大化学系化学研究所的研究生，在中学兼职教化学。她与妹妹住在我们白土中学宿舍，故我们师生时常碰面。她总是笑脸相迎，道声：“同学们好！”丝毫没有师道尊严的架子，清纯而朴实、外秀而中慧。她既要教授我们初中的化学，又要兼顾妹妹的学习与生活。她勤勉、认真、关爱、友善的教学态度，令我们受益匪浅，略举如次。

一是卢宗兰老师教学中中英文并用，且发音准确、动听，是我们这批乡下的孩子们从未听到的“天籁之音”，以为她是仙女下凡。

考卷、作业批改认真仔细，从来都是亲手分发给同学，从不假手班长代发，若遇同学考卷不及格，总是掩卷交给你，恐你失脸。如此尊重学生的尊严与隐私，我们从未见过，令大家大为感动。

二是卢宗兰老师利用假日的空档带我们去厦大实验室参观实习。我们这批赤足的农村学生真是大开眼界，目睹那些琳琅满目的器皿，五光十色的设备，不觉异口同声发出啧啧惊叹。卢老师露出愉快的笑容说声：“请大家安静。”于是逐件示范给我们看。同学们简单的操弄了几下。虽然是简单的操作实验，但给同学们的感受远远不是仅见识到厦大的实验室，而是引导我们进入科学的殿堂。1955年我们高考时化学成绩特别优良，许多同学考入化学系，便与此有关，至今我们仍然津津乐道。可见当时厦大在龙岩虽只一年，但厦大师生们的博大胸怀，有教无类的教学理念和先进的教学方法，让我们这批童心未泯的赤足青少年提前得到“高教”的培育，日后我们能顺利考入大学便与此大有关系。让我们再一次衷心感谢你们——敬爱的厦门大学师生们。

三是与本人有关的一桩小事。有一次卢老师问

1952年夏，厦门大学理、工学院从龙岩迁回厦门后部分教师合影

我为何这次化学考不及格，我说病了。她马上牵着我的手，摸着我的额头说“发烧”，带我到厦大医务室就诊。一检查是肺炎，医生说必须马上服药打针，药可免费，但盘尼西林必须自费。卢老师满口应允。打完针取妥药，卢老师带我到她宿舍服药，恐药物苦口且用糖开水供我饮用，这是我有生以来喝过最甜蜜的开水，有如甘露，深透我的身心。卢老师看到我疲惫的神态，叫我躺在她床上休息，我一个光足的学生，一身补丁衣裤的穷孩子，看到卢老师如此干净洁白的被褥和枕头，真不敢也不忍躺上去“污染”老师的床铺，唯有低头含泪跟老师道别，奔跑回家告诉父亲“我遇到一位像母亲般的老师”。父子抱头痛哭，父亲含泪道：“你母亲死得早，我没有尽到父亲的责任。”泣不成声。

病愈后祖母挑选半篮自养的鸡蛋报答卢老师，父亲说这点鸡蛋远不足盘尼西林之价值，请老师笑纳。家父虽农民出身，但青壮年时曾闯荡南洋见过世面，因而增添不少知识，深知当时盘尼西林之价值。我本属于农村放牛娃式的“野孩子”，此肺炎“一役”骤然令我早熟、懂事、明理、长大、升华了许多。一个与你非亲非故的厦大兼职老师，对一位农村穷孩子、穷学生，竟如此关爱有加，不能不令人肃然起敬又钦佩。试想：面对老师你有何颜面不努力读书，有何利害放不下，有何道德规范不遵守？经几年苦读，我终于由“放牛娃”变成大学生，有幸于1955年考入厦大历史系，有缘重睹、重谢恩师卢宗兰老师。虽然无缘聆听她的化学课，但她仍然关注我的学业。1957年大鸣大放时，当她在《新厦大》校刊上看到我的谬论文章《论党天下》（这是储安平之语）时大惑不解地说：“景奎这穷孩子怎么会发表这样的荒唐文章呢？！”我愧对老师的教诲，除了检讨、忏悔、流泪外无言以对。卢老师更是慰勉有加，嘱我深刻检讨、认真学习马列以求过关。可惜学生冥顽不化，不思悔改，终被打成右派分子送去劳动教养。

1978年平反后，我获准到香港定居，与妻儿团聚，才敢与卢宗兰老师通信联系。一别又是20年，沧海桑田，人生几何？这时我们均已步入中老年。卢宗兰老师也于1958年随卢嘉锡校长迁往福州创办福州大学。“文革”劳动改造阶段，正遇当年从白土中学考入福大的学生，在当造反派头头，卢老师得到他的不少保护。原来世间也有良心未泯的红卫兵。卢老师的心灵得到不少慰藉。

卢宗兰老师现居南京大学，和她妹妹宗桂一起生活，颐养天年。今年正是老师91岁大寿，遥祝老师健康长寿，我一向深信“好人一生平安”，更期待老师迎来百岁华诞。

时间老人真像魔术师变幻无常，既能更换朝代，也能改变我们的人生。1981年，我由香港应邀回校参加60周年校庆，又与当年白土的邻居汪德耀、卢嘉锡两教授相遇。相隔30年，历经反右、“文革”两大灾难，我们几成“老运动员”，但反而活得更加健康有活力。汪教授说话不离本行：“真乃人类学之奇迹”，卢教授接着说：“天将降大任于我们，必先劳其筋骨”，“我们务必办好厦大、福大才对得起先人和今日改革开放的祖国”。我说：“今天我们能在此重逢就是胜利，也是祖国日益强大和自信的表现。”汪教授伤感地接着说：“就是少了王亚南校长一人，文革后期他得不到应有的治疗，病逝于上海，令人哀叹！新中国成立之初，我正好在英国讲学，是王校长来信鼓励我重回厦大任教的。而今故人已逝，岂不令我格外伤怀……”我们谈兴正浓时，巧遇摄影师驾到，“咔嚓”一声便留下了我们师生这个历史镜头。两位教授早已仙逝，我也已到耄耋之龄，回忆往事，不胜唏嘘，但愿往事不要如烟而逝，且能留住温暖人间。

最后值得我们大书特书的是，厦大在龙岩办学虽仅一年，但却给龙岩山区注入了许许多多的养分和新文化基因。厦大当年为答谢老区人民对她的支援，特于1951年秋在龙岩招收学生。林鹏同学便是在龙岩应考录取厦大生物系，毕业后留校任教，后来成为红树林研究专家，被评为中国工程院院士。从厦大走出去的还有陈景润、张乾二两位中科院院士。他们都曾经在这块红土地读书、任教、生活过。龙岩人常自豪地说：“我们老区红土地培育了三位院士，真是不平凡。犹如2008年北京奥运会龙岩籍运动员林丹、张湘祥、何雯娜三位冠军一样，光彩夺目。”

如今提出海洋文化与红土地文化相连，其实早在60年前就已经开花结果了。让我们继续努力奋斗吧！

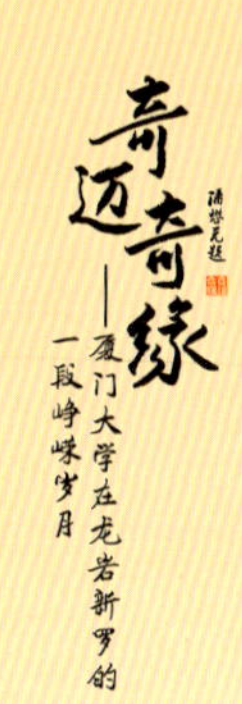

【第五章】两校情缘

逝者如斯，岁月峥嵘。厦门大学理学院、工学院在龙岩新罗区的教学生涯虽然只有短短一年，却使厦大师生和闽西人民又一次结下了深厚的情谊，开眼看世界的海洋文明与熠熠粲然的红土地文化在新的时代交相融合，绽放出鲜美的精神之花、情感之花，收获了丰赡的人才之果、智慧之果。

厦门大学为感谢老区人民在困难时期给予的无私支援，于1951年秋特招一批龙岩籍的学生。其中，林鹏便是这一次应考而成为厦大生物系学生的，他毕业后留校任教成为红树林专家并当选中国工程院院士。著名数学家、勇摘“哥德巴赫猜想”皇冠上明珠的陈景润，在这片土地上学习成长。这些，使得闽西的红色土壤愈加丰腴润沃，奇迈山下的文脉汩汩流转，谁能料想，及至50年后，新世纪的阳光春雨中，这里矗立起一座宏丽的综合性本科院校——龙岩学院。龙岩学院和厦门大学，走亲戚一般，时常互访交流，共谱山海协作的崭新篇章。

六十多年来，厦大人从未忘记在艰难岁月中给予他们温暖和帮助的新罗人民，他们一次又一次重返东肖，寻访当年的足迹，拜访当年的房东，并把这种情怀一代代延续下去。20世纪90年代中期，时任全国人大副委员长的卢嘉锡，先后两次借到龙岩调查研究之机，百忙中去了东肖，寻访居住过的子耕楼，看望老房东，并为其题词。凝视着这里的一切，卢老热泪盈眶，当年在这里工作、生活的一幅幅画面次第映入眼帘。在东肖工作、学习过的六位老教授陈奕培、李复雪、黄启巽、林鸿庆、梁筠莲、曾定，组团回到龙岩，在东肖镇卫生院附近和龙岩三中附近寻见了当年厦大理学院内迁龙岩时所在的罗陈宗祠、溪兜中学礼堂、承德堂、乐怡堂、艺丰楼、红场等多处旧址，这些地方曾经是他们的教室、宿舍、图书馆和实验室。他们感慨不已，缅怀当年，寄语未来，他们盼望保护好这些遗址，永远传承这一笔宝贵的文化和精神财富。

“长风破浪会有时，直挂云帆济沧海。”硝烟远去，铸剑为犁。书声琅琅，山海和鸣，东海之滨、奇迈山下，共同见证、镌刻厦门蓝海洋与闽西红土地之间的悠远情缘……

六位老教授
赴我校龙岩旧址考察

石慧霞

1992年，蔡绵绵、蔡欣欣等在白土女生宿舍前留影，现这些房屋已不存在

7月12日，在校友总会和丁马太老师的联络组织下，我校曾经在龙岩白土镇工作、学习过的6位老教授（陈奕培、李复雪、黄启巽、林鸿庆、梁筠莲、曾定）组成访问团赴我校龙岩旧址考察。考察活动受到龙岩学院党委书记李金莲，党委副书记、院长李泽彧等院领导的热情接待和大力支持。考察也得到龙岩三中和厦大旧址处居民的积极帮助，虽然考察时间只有一天，但考察团较为顺利地在白土镇卫生院附近和龙岩三中附近找到了56年前厦大理学院内迁龙岩时所在的罗陈宗祠、溪兜中学礼堂、承德堂、乐怡堂、艺丰楼、红场等多处旧址，当年这些旧址分别做为理学院的办公场所、教室、实验室、学生宿舍等。

据悉，抗美援朝时期，厦大理学院、工学院曾内迁龙岩（1951年3月至1952年2月），当时理学院迁至龙岩白土镇，工学院迁至龙岩城郊溪南。尽管内迁龙岩仅一年，但半个多世纪后，曾在那里教学和读书的老师、同学回忆起当年在龙岩的时光，依然充满激动和感慨。我所知道的我校曾经在龙岩旧址工作或学习过的院士有6位：卢嘉锡、陈景润、田昭武、张乾二、肖培根、林鹏。

原载《厦大校刊》2007年7月17日

当年小小的白土街，如今已发展成繁华的街道

蔡绵绵和蔡欣欣合影

老教授们在东肖的龙岩学院大楼前合影

情系东肖

| 郭鹰

龙岩东肖革命烈士纪念碑

中伏的第二天，午后时分，艳阳高照，酷暑难耐。

刚过龙岩学院，一场暴雨突然倾盆而下，猝不及防的雨点，刀剑般噼噼啪啪敲击车窗，打落的树叶在风雨中翻卷。眼前是渐生渐浓的雨雾，仿佛黎明前笼罩的夜色。前方汽车不约而同打开急闪灯，像一列黑暗中前行的火把。我们在火把的指引下，缓缓行进，终于将车停在东肖纪念碑前。才停片刻，雨势迅速减弱，很快，天空明亮起来，空气中散发着新鲜的泥土芳香。近在咫尺的龙岩东肖革命烈士纪念碑洗浴一新，花岗岩石壁晶莹剔透，纤尘不染。放眼望去，奇迈山云雾缭绕，如浮薄翠。东肖，就这样在一段紧锣密鼓的前奏后拉开帷幕。

一个地方总有属于一个地方的气质，比如古意悠悠的雁石，侠骨柔情的江山，敢创第一的才溪……与地理位置有关，也与风土人情有关。

20世纪20年代，是公路交通逐渐发展的时期，也是东肖逐渐苏醒的时期。大道通衢，四通八达，这个距离城区仅7.5千米的交通要塞，终于迎来属于它的时代。

当一栋偌大的南洋风格别墅赫然眼前时，我们惊呼起来。单是看紧锁的大门，就能感觉到逼人的大气豪华。门楣上书写的“艺丰楼”三个大字，力透纸背。高高的围墙内，椰子树、棕榈树、枇杷树……高大繁密，马樱丹和常春藤纷繁热闹。我们踮起脚跟，伸长脖子往里看，能看到宽敞的回廊、高大的骑楼、西式浮雕，令人置身于南洋岛国风情中。主人不在，门扉紧锁，只能听邻居们介绍，这栋艺丰楼已有80多年历史，是当年东肖华侨张汝鳌所建，现由他儿子看管，占地四亩多，20世纪50年代初曾借给厦大作为学生宿舍……

是那位微胖的中年人，叩开当年还十分簇新的别墅大门。当他提出将借用此楼做学生宿舍时，主人满口答应，居然连价钱都不谈。是的，这一路走来，罗陈祠堂、溪兜中学礼堂、陈德堂、乐怡堂……无论是豪华宽敞的祠堂别墅，还是破旧简陋的民房学校，无论是旅居海外的华侨，还是贫居乡间的农民，都热情地张开怀抱，接纳厦大学子，并引以为豪。他们友好地称这位打前站的读书人为“胖教授”。他，就是时任厦门大学理学院院长的卢嘉锡。

厦大化学系师生用过的油灯

厦大化学系师生所住的肃毅堂里的床铺、书桌和油灯

卢嘉锡，祖籍永定，系中国著名物理化学家，中科院院士，全国人大常委会副委员长。1951年初，他第一次踏进闽西故土时，还不到四十岁。就在这一年，陈灼瑞中年得子，生下儿子陈进强，回到阔别二十五年的故乡东肖，在后田祠堂挂添丁灯笼。没有资料显示他们二人有过交集，但是两人先后来到东肖，足以让这个小小乡镇光耀生辉。

1950年底，国民党军队在美国的支持下妄图“反攻大陆”，不断空袭和炮击厦门岛。厦门大学遭受频繁的空袭骚扰，教学工作无法进行。中央人民政府教育部决定，将厦门大学理、工两院紧急疏散到闽西山区。在这次大疏散中，卢嘉锡表现出了很高的积极性和很强的组织能力。他先制定一个详细的疏散计划，每一个环节进行认真检查，不使其出现任何漏洞，整个疏散工作一环扣一环，十分紧凑。当师生们经过300多里的跋涉走到了龙岩时，眼前的景象把大家惊呆了，只见师生们的宿舍、食堂、教室等都已安排得井井有条。卢嘉锡院长站在那里指挥学生们装卸物资，指挥若定。在卢嘉锡指挥下，理学院和工学院的内迁工作进行得十分顺利，很快就恢复了教学。

“为什么要将厦大迁到我们东肖呢，因为我们这里是革命老区，群众基础好……”年近七旬的老房东陈伦城骄傲地说。他的老屋是一座一层的小围瓦屋，距当时的厦门大学理学院办公室的陈德堂近在咫尺，是当年厦大的学生宿舍。厦大校长王亚南前来视察时曾在这里住过一个晚上，数学家陈景润曾在这里与同学打过通铺。而王亚南和陈景润的师生之缘，或许就是从这里开始并发展起来的。在《陈景润传》里有这样一段话：“龙岩求学的日子是艰苦的，但农村的宁静和清新，为陈景润创造了特殊的学习环境。早上一起床，有些同学跑到晒谷场上简易的篮球架下打篮球，而陈景润只是稍作活动，便带着《袖珍英汉字典》到田野中去学英语。”

1949年11月10日，龙岩县人民政府成立暨宣誓就职典礼

1949年10月21日闽西公学开学典礼

1949年11月7日，龙岩各界为纪念广州、汕头、厦门解放暨苏联十月革命32周年举行庆祝大会。图为庆祝现场

当年，陈伦城只有七八岁，他清晰记得，厦门大学理学院缺少教室，是父母慷慨捐出家里的木料砖头，在他家老屋旁边建起两间简易的教室，中间还有一间实验室。一直到1995年才被拆除，建起一幢高大豪华的楼房。陈伦城站在小屋前，掰着手指自豪地说："没想到从我这个屋子居然走出4个院士，卢嘉锡、陈景润、田昭武和张乾二……"我们附和说："风水好啊，这房子千万不能拆。"他连连点头："如果知道现在有那么多人来找厦大的旧居，那两间教室我也不会拆的。"临别之际，我们问："这栋房子叫什么名字？"他说："没有名字，门牌号是羊古塘29号。"

一年之后，前线战事稍歇，厦大迁回厦门。虽然只有短短一年，却足以让东肖再一次星光熠熠。60多年来，厦大人从未忘记在艰难岁月中给予他们温暖和帮助的东肖人民，他们一次又一次重返东肖，寻访当年的足迹，拜访当年的房东，并把这种情怀一代代延续下去。

50年后，又一所大学入驻东肖，这就是举龙岩全市之力创办的，闽西唯一一所综合性大学——龙岩学院。坐落在东肖的龙岩学院和厦门大学经常交流互访，如亲戚一般你来我往。从此，琅琅读书声，彻底替代刀枪剑戟声，奇迈山见证东肖百年风潮。

有什么比今天的国泰民安更美好的呢？回望百年，风雷激荡，如今硝烟远去，唯有岁月静好，人世清欢。愿小小的东肖，能承载世上最厚重的温暖。

（郭鹰，福建省作家协会会员、龙岩市新罗区党校教师）

原籍东肖的著名印尼华侨陈灼瑞先生

陈灼瑞先生一家合影

厦門大學1948級同學畢業四十五周年紀念聚會、機電系師生及眷屬合影

（1993年10月7日于群賢樓陳嘉庚銅像前）自左到右：

最后排：俞毓馨（陸夫人） 陸家和 楊一山

第二排：蘇寄漳（蘇林華之妹，廈大化學系53級） 龔夢蘭（熊夫人） 熊觀信 林麗華（朱夫人） 朱國正 林啟蘭 陸藍天（林夫人） 唐漢錚 范志增 潘根善 林志山 盧綸喬（林夫人） 方曼如（歐陽夫人） 歐陽懷岱 魏忠言（周夫人） 周倫銓 蔣同澤 林怡杉（蔣夫人）

前排：蕭岱（趙夫人） 趙孟如 陳璧光 殷鳳娟（沈太太） 沈泳仁 徐其禮 周泳棠 汪德耀（前校長） 陳璧玉（前老師） 陳金珠（蘇夫人） 蘇林華 吳清雲（馮太太） 馮迪 黃海 金學書

龙岩学院校区一瞥 李艺爽 摄

红土文脉传承　本科院校亮丽

——龙岩学院选址东肖

奇巧的是，50多年后在当年厦大办学的奇迈山下，诞生了个龙岩学院。它是一所全日制多科性本科院校，设有14个二级学院和2个研究院，有40个本科专业，涵盖了文学、理学、工学、经济学、管理学、教育学、农学、艺术学等8大学科门类；全日制在校生1万多人、教职工近千人；学校占地面积1113亩，校舍建筑总面积33万平方米。

龙岩学院秉持“根植红土、致力应用、彰显特色、服务发展”的办学理念，逐步建立结构合理、协调发展的学科专业体系，建成一批与区域产业紧密结合的高水平应用型专业（群），有一批省内有较大影响的学术带头人和创新团队。学院目标是建成服务地方、特色鲜明及引领区域文化发展的福建省示范性应用型本科院校。

龙岩学院鸟瞰　李艺爽 摄

龙岩学院鸟瞰 李艺爽 摄

山海合作，共谋发展

——厦门大学、龙岩学院近年对口协作掠影

厦门大学、龙岩学院于2013年4月签订对口支援合作协议，2016年，厦门大学选派了多名教授先后到龙岩学院讲学，为龙岩学院师生带来先进的教学思想、教学方法和学术前沿动态。厦门大学5名教授受聘为龙岩学院客座教授。

厦门大学 龙岩学院
对口支援合作协议书

一、总体目标

二、主要内容

（一）人才培养方面

（二）学科建设方面

（三）科学研究方面

（四）队伍建设方面

（五）其他方面

三、组织实施

19. 本协议自双方签字之日起生效，有效期至2015年12月31日。

日期：2013年4月16日

日期：2013年4月16日

2013年4月16日下午，龙岩学院校长李泽彧、副校长刘国买签署厦门大学—龙岩学院对口合作协议

2014年12月12日中午，龙岩学院在学术报告厅举行聘任厦门大学生命科学学院院长林圣彩教授、宋思扬教授、周大旺教授为龙岩学院客座教授仪式。校长李泽彧为林圣彩等3位教授颁发客座教授聘书，并佩戴校徽

受聘仪式结束，林圣彩教授在学术报告厅做主题为“大学生创新能力培养”的讲座

2015年6月5日下午，厦门大学工商管理教育中心教授潘威廉在行政楼六楼视频会议室做“福建为什么这么福，福建商业的历史”主题讲座

2016年4月7日，厦门大学化学化工学院王远鹏教授及沈亮副教授应邀到龙岩学院化学与材料学院开设学术讲座

2016年4月27日，厦门大学艺术学院洪惠镇教授应邀到龙岩学院艺术与设计学院进行学术交流

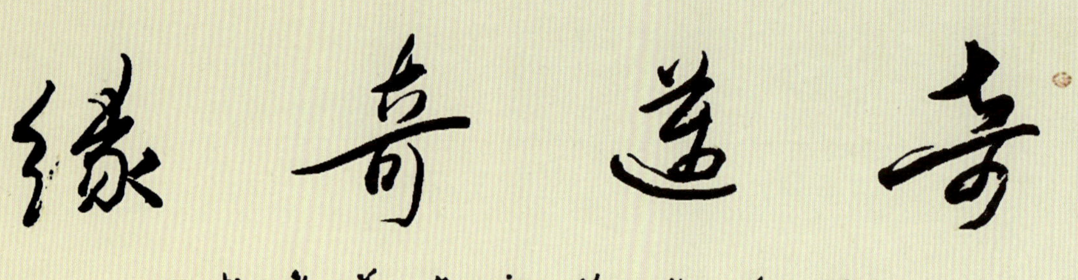

《奇迈奇缘》歌词

作词：秋枫

心中永难忘
梦里常回放
奇迈山下相聚的当年
翻一翻那些老照片
叙一叙那段奇缘
沧桑岁月已远去
红土深情总相牵

时光不会老
情怀不改变
一起追忆厦大的当年
说一说院士的故事
谈一谈英才的美篇
风雨坎坷成往事
龙厦情缘割不断

啊，红土地、蓝海洋
心手相握、山海相连
肩并肩谱新篇
缘来缘往到永远……

POSTSCRIPT

后记

闽西是共和国的摇篮、改革开放的热土，发生在这里的传奇，有的已经成为党和国家进程之重要标记，譬如古田会议；有的久在深闺人未识，譬如厦门大学在龙岩新罗的办学经历。我们编辑出版这部书的目的，就是要向世人呈示一枚被历史烟尘遮蔽的晶莹宝石，让它重见天日。

厦大理、工两学院内迁龙岩办学，时间为1951年3月至1952年2月底，整一年。

历史，从来都没有孤立事件。新罗的革命激情、新罗的教育理想，一脉相承、代代相传。我们编辑出版《奇迈奇缘》，就是为了见证历史，融成厦门大学和龙岩人民的集体记忆，更好地携手合作、面向未来。我们相信，这本书会成为老校友的珍藏，也会让青年学子有所触动，更会成为一部有价值的文献，使人们永远铭记一段中国教育的佳话。

当这部《奇迈奇缘》的编务将要完成之际，曾任厦门大学副校长、不久前获评“当代教育名家”的97岁高龄的潘懋元教授非常热心地为本书题写了书名,并对书稿进行了多处补充和斧正。抗战期间，厦门大学内迁长汀，在闽西办学长达8年之久，潘老先生正是厦门大学长汀时期的毕业生。对于新中国成立初厦大在闽西的这段历史，他说：“我是这段历史亲历者之一，不仅因为我的家属随迁（新罗）城关溪南，还因我曾在两院讲过政治课‘新民主主义论’——王亚南校长讲总论和新民主主义经济，我讲新民主主义文化。”

“白云千里万里，明月前溪后溪。”“绿杨烟外晓寒轻，红杏枝头春意闹。”在这部书的组稿、编辑过程中，得到了厦门大学党委张彦书记、叶世满副校长、信息与网络中心邱仲潘副主任的热忱襄助，得到了厦门大学历史系、厦门大学档案馆、龙岩学院等单位和厦门大学龙岩老校友、新罗东肖镇及厦大师生当年“老房东”和新罗区委党史研究室的大力支持，在此一并致谢！点点滴滴、方方面面都在证明，《奇迈奇缘》是一部有温度、有力度、有深度，充满正能量的“情书”，它联系起厦门大学与闽西之间的情感，必将成为蓝海洋与红土地之间沟通的桥梁和合作的纽带。

我们期待着。

编　者

2018年2月